¿POR QUÉ EL PUEBLO CUBANO (AÚN) APOYA EL CASTRISMO?

ALFREDO TRIFF

A Papi.

Contenido

PORQUÉ EL CASTRISMO ES WOKISMO

Primero está la realidad, después la idea de la realidad y finalmente, la idea de la idea. No perdamos esto de vista, porque aquí se origina la acción. Soy cubano, exiliado, marielito. Hablo desde la experiencia de la realidad que me tocó vivir. Mi generación se hizo joven durante los años 70, el período gris del castrismo. Ya conocimos aquel monstruo y sus ideas espurias.

Hoy en los Estados Unidos, nuestra patria adoptiva, vivimos una repetición de aquellos años aciagos. Las repeticiones no son calcos, pero las similitudes son pavorosas.

El castrismo nos divorció de nuestra historia republicana. Visto así, la historia de Cuba comenzó no en 1902, sino en 1959 con el triunfo de la Revolución. A la historia anterior la llaman despreciativamente «pseudorepública».

Los *woke* en Estados Unidos de 2023 nos embarcan en algo parecido: Nuestro país de adopción no comienza con la independencia contra Inglaterra el 4 de julio de 1776, sino en 1619, con el primer barco de esclavos en las costas de Virginia. Para los *woke* de moda, la historia estadounidense es, hasta el día de hoy, una mentira instaurada por supremacistas blancos. La idea espuria que cancela el pasado por el reino ciego del presente la llamo «presentismo».

Segundo, el castrismo nos acondicionó a odiarnos los unos a los otros. Vivíamos una constante y frenética guerra de clases, ricos contra pobres, burgueses contra proletarios.

Hoy en EE. UU. los políticos, activistas y la prensa «progre» nos hacen creer que somos privilegiados, que disfrutamos prebendas, en medio de una contienda racial entre blancos y negros, de racistas contra antirracistas. Cual alimaña que se alimenta de su propia deyección, esta división racial fomenta una ola de racismo a la inversa. El antirracismo repite una y mil veces que *somos racistas sin saberlo* y que irle en contra es ser más racista aún.

Aparece entonces la interseccionalidad, fórmula *woke* «progre» condenando al individuo a un solapado determinismo de sesgos, sea sexo, género, etnia, clase, discapacidad, orientación sexual, religión, edad u otros ejes siniestros. La santa alianza de estas dos ideas espurias la llamo «identitarianismo».

Finalmente, el castrismo nos programó a temer un futuro sin castrismo, estrategia que ha funcionado por más de sesenta años. ¿Y qué era ese futuro sino la constante amenaza de un capitalismo siniestro y brutal? Ahora, después del pánico provocado por la pandemia global de COVID 19, los *woke* nos han vendido el fin del mundo.

Las agencias de prensa y televisivas, las universidades y los políticos se hacen eco de una destrucción climática sin precedentes. Se hace imperativo desmantelar la vieja estructura del capitalismo y sus libertades (la primera víctima es la Primera enmienda, cómo la odian).

Los *woke* de occidente anhelan la instauración de un sistema global burocrático de corte socialista (precisamente el régimen nefasto que dejamos atrás en la Cuba castrista).

La idea espuria que busca desmantelar el capitalismo e instaurar un orden global de corte socialista/comunista se llama «catastrofismo».

¿Qué hacer con estas ideas espurias? ¿Esperar a que se deshagan por sí mismas, o combatirlas donde quiera que aparezcan? El tiempo apremia.

LA INVASIÓN DE LOS *WOKE*

EL HUEVO DEL CUCO MARXISTA EN EL NIDO DEL CUBANO *WOKE*

El cuco es un pájaro parasitario que coloca su huevo subrepticiamente en el nido de un ave de otra especie. La madre postiza no se percata y encuba el huevo creyéndolo propio hasta que el bastardo sale del cascarón y elimina metódicamente a sus hermanastros, lanzándolos del nido. La madre postiza, ahora sola con el cuco (que la supera en tamaño) adopta su nuevo rol zombi alimentándolo como suyo. Este resultado bizarro —común en la naturaleza— es lo que fabrica el marxismo en el nido ideológico del cubano «progre» *woke*.

¿Cómo llega a ser *woke* un cubano? El cubano anticastrista, alérgico al marxismo, brincó el charco hacia EE. UU. por razones políticas. Experimentó en carne propia los cantos de sirena castristas a favor de la igualdad. Sufrió la represión y la discriminación política del socialismo.

Un buen día, al principio de los años 60 del siglo xx, Castro anunció, «nuestra revolución es marxista-leninista». De ahí en lo adelante se estableció un enchufe ideológico entre el castrismo y el marxismo.

Sabíamos que el castrismo y el marxismo eran venerados por los «progres» del mundo. Hay algo ahí digno de sobreentenderse. Y es que nada sobra; el castrismo tiene de marxista y el *woke* tiene de ambos. Pero sigamos.

En 2023, el cubano no aceptaría el marxismo como tal, claro está. Sospecharía mi uso de esa palabra viciada por tantos conspiranoicos de derecha. Sucede que el marxismo no da la cara. Llega vestido de caperucita, vía identitarianismo.

El cubano no ve venir el «ismo». ¿O se hará el que no? Son razones mayores: de solidaridad, de raza, de género, de preferencia sexual, de incapacidad y de medio ambiente. El «ismo» no dice «soy castrista y marxista» abiertamente. Y va penetrando poco a poco la armazón cerebroespinal del cubano, embelesado de solidaridad (traicionándose a sí mismo sin percatarse del huevo del cuco).

¿Y qué había antes que el cuco pusiera el huevo?

El centrismo político liberal del cubano en el siglo XX antes que llegara el castrismo (posición que ha desaparecido, pero ese no es el tema ahora). Defendía los derechos naturales del ser humano, simpatizaba con la Constitución y La Carta de Derechos americana, a saber, libertad política, de expresión, de asociación, de conciencia, de pensamiento y libertad de propiedad privada. El documento que abrió el camino a la modernidad.

Incluso mientras respetaba el capitalismo, se buscaba resolver el problema de la —siempre inevitable— desigualdad social, a saber, buscando el beneficio de los menos aventajados dentro de un estado de derecho en que cada individuo tenga la misma igualdad de oportunidades.

La filosofía política liberal prohíbe rediseñar la sociedad desde arriba, a partir de igualdades «de resultado», que es precisamente el principio desquiciado de la política social *woke* de hoy. Lo llaman —eufemísticamente— EQUIDAD.

Aquí va la definición de *Wikipedia*:

> *La equidad reconoce que algunos están en mayor desventaja que otros y busca compensar esto para garantizar que todos puedan lograr el mismo estilo de vida. La equidad reconoce este campo de juego desigual y tiene como objetivo tomar medidas adicionales dando a los necesitados más que a los que no lo están.*

¿Es mayor «desventaja» ser negro que asiático, minusválido que heterosexual, lesbiana que judío? ¿«Los necesitados»? ¿Está obligado un maestro a darle mayor calificación a un alumno solo porque este sea miembro de una minoría?

En la igualdad de oportunidades solo cuentan la habilidad y el talento del individuo. La Equidad por el contrario, asigna prerrequisitos y cuotas raciales, de género y discapacidad.

Pongo un ejemplo: si Luis y María solicitan un empleo, Y Luis está más calificado, María no debe obtener el empleo por ser latina y lesbiana. Sin discusión.

El cuco sale del cascarón. El marxismo interseccional y su efecto balsámico ha penetrado el cerebro del cubano *woke* vía la matriz de dominación.

¿Cómo es posible? El subterfugio identitario está diseñado para hacernos sentir *Xtra* compasivos y culpables: síndrome del Mesías donde reina la hipocresía.

Haciendo caso omiso a la razón, el cubano comienza a traicionar su experiencia anterior de años de miseria onerosa en el castrismo. Pierde la fe en el sueño americano. Donde antes veía progreso y esperanza ahora ve explotación y racismo. Se ha convertido en «progre» 100 por ciento, abochornado de los valores que lo trajeron a este país.

Se dice del *brainwashing* que una vez consumado, el cerebro queda impoluto de toda creencia anterior. Comprendo que el cubano *woke* esté en absoluto desacuerdo conmigo.

Sencillamente no podría estar de acuerdo.

INTERSECCIONALIDAD O DISCRIMINACIÓN EN REVERSO

Comienzo con una confesión: para mi generación del Mariel de 1980, EE. UU. sigue siendo el modelo de gobierno. Ahora ese modelo está en peligro.

En la Yuma (como le decimos los cubanos exilados a EE. UU.) vivimos un experimento único de balance político entre progreso económico e igualdad social. Incluso hasta entrado los 2000 defendíamos la notable diferencia entre el liberalismo americano y el socialismo/comunismo castrista.

¿Cuál era la diferencia? En lo económico: el pragmatismo. Estipula que el progreso económico es algo deseable. Los cambios sociales deben ser lentos e incrementales.

En lo político, la democracia abierta y participativa. Se busca justicia con transparencia. En lo social, se explora un curso de balance entre la izquierda y la derecha.

Ese liberalismo está en caída. El identitarianismo está en auge. Es la ideología que preside el momento que vivimos. ¿Conoces los vericuetos de la interseccionalidad?

Aquí presento la bomba de humo de la académica y feminista Kimberlé Crenshaw:

La interseccionalidad subraya que el género, la etnia, la clase u orientación sexual, como otras categorías sociales, lejos de ser naturales o biológicas, son construidas y están interrelacionadas. Es el estudio de las identidades sociales

El concepto de identidad del ser humano de las revoluciones americana y francesa y el iluminismo no se fundamentaba en atributos físicos, sino espirituales. Antes eran suficientes la razón y el libre albedrío. Hoy ya no.

En la mente del joven *woke millenial* o Generación Z norteamericano, educado y por lo general blanco, la identidad está predeterminada por sesgos acumulativos basados en la idea de la discriminación y el racismo. ¿La interseccionalidad? Una fiesta de piñata donde el ganador o ganadora es la persona con más sesgos.

Los cubanos exiliados no somos ajenos a ese tipo de coartada ideológica. ¿Podemos olvidar la diferencia entre socialista e imperialista, comunista y capitalista, explotado y explotador, trabajador y lumpen, revolucionario y escoria? (Qué gloria esta última).

El identitarianismo estereotipa la sociedad en ganadores y perdedores a partir de una calificación interseccional obtusa e irracional. La mayor puntuación el más explotado, la menor el más privilegiado.

¿Quiénes pierden?

En la raza: el blanco.

En el sexo: el hombre.

En la etnia: el europeo o europeo descendiente, también el judío.

En el género: el heterosexual.

En la capacidad: el no discapacitado, de ahí que el mérito le moleste tanto al identitario (el mérito no queda cubierto por la intersección).

En la religión: el cristianismo y el judaísmo (cristianismo es judeocristiano).

En lo económico: el capitalismo, generador de todos los males (vía Marx).

En la cultura: Occidente.

En la nacionalidad: cualquier nacionalidad de ascendencia europea.

La coreografía identitaria persigue un esquema férreo e ineludible. Y toda esa tramoya nos lleva de cabeza precisamente a la discriminación que falsamente dice combatir.

Una mujer blanca gana menos puntos que una mujer blanca lesbiana (sexismo). Un gay latino gana menos puntos que un transexual latino (generismo).

Un negro heterosexual cristiano gana menos puntos que un negro gay mahometano (sexismo y discriminación religiosa). Una lesbiana blanca gana menos puntos que una lesbiana negra (racismo y sexismo)

Un blanco homosexual gana menos puntos que un nativo americano transexual discapacitado (racismo, sexismo y discriminación por discapacidad).

Ármate de cuanta intersección sea posible y si no pide alguna prestada. Cuánto echo de menos a aquella sentencia de Martin Luther King: «Juzga a la persona no por el color de su piel sino por el contenido de su carácter».

«PRIVILEGIO BLANCO»
PARA BLANCOS *WOKE*

La palabra «privilegio» es usada tan temprano como 1961 por Fidel Castro contra la burguesía criolla cubana:

> *Se sabe que las revoluciones entrañan la destrucción de privilegios para servir los intereses, los derechos, y las aspiraciones de las grandes mayorías oprimidas o explotadas (aplausos). Aquí era inevitable el choque entre los intereses de la mayoría y los intereses de la minoría privilegiada.*

El privilegio y la explotación del hombre por el hombre son uña y carne del castrismo. El tema reaparece en el siglo XXI con otra etiqueta: «privilegio blanco».

¿De dónde sale la novedad? *Wikipedia* informa:

> *Según Peggy McIntosh, los blancos en sociedades occidentales disfrutan de ventajas que los no-blancos no experimentan, como un paquete invisible de activos inmerecidos. El privilegio blanco denota ventajas pasivas tanto obvias como menos obvias que los blancos pueden no reconocer que tienen, lo que lo distingue de los prejuicios manifiestos.*

McIntosh, connotada feminista, manipuló el término en su artículo: *Privilegio blanco, desempacando de la mochila invisible* (1989), donde se enumeran 26 artículos «invisibles».

Lo invisible no puede verse ni adjudicarse —disculpen, presiento un enredo de *ipse dixit*. McIntosh afirma que el «privilegio blanco» denota ventajas «pasivas», es decir, inadvertidas que otros no pueden disfrutar:

> (…) *se incluyen afirmaciones culturales de valor propio; la presunción de un estado social mayor y la libertad de circulación, compra, trabajo, juego, y hablar libremente.*

«Afirmaciones de valor propio» es lo que llamamos autoestima. Es como decirse uno para sus adentros: «yo merezco respeto». ¿Y qué? La autoestima no depende de la raza de la persona. No tengo más ni menos autoestima porque sea negro o amarillo, rico o pobre, lisiado o deportista (que conste, a pobres y lisiados les sobra autoestima).

¿Desde cuándo es la «libertad de circulación» o el «hablar libremente» una prebenda inmerecida de nadie?

¿No estará confundiendo McIntosh privilegios con derechos?

Por derecho se entienden las facultades y obligaciones que derivan del estado de una persona. Los privilegios que McIntosh tiene en mente son simples derechos universales —presentados por el blanquito John Locke, en su *Segundo Tratado sobre el Gobierno Civil* (1689).

¿Desde cuándo la libertad, la autonomía, la propiedad y la búsqueda de la felicidad, son privilegios?

El «privilegio blanco» es toda una novedad social, gracias a la propaganda mediática y el adoctrinamiento de hoy.

Hemos advertido milicias de blanquitos mcintoshistas marchando por las ciudades de Estados Unidos chillando: ¡Soy blanco, soy aversivo! Muchos se arrodillan e imploran ser perdonados.

La autoflagelación blanca de hoy me recuerda el clásico estudio de Hasher, Goldstein y Toppino (1977), sobre el llamado «efecto de la verdad ilusoria». El resultado arrojó que un grupo de individuos daba por indudables aquellas declaraciones que eran repetidas sobre las que no lo eran.

Repite y vencerás.

Y lo peor de todo es que tantos blancos confundidos se metan el cuento con tal de sentirse más culpables. ¡Nada como la culpa para sentirse superiores! No logran su objetivo. La culpabilidad crece y se encostra. Se han trasformado en *woke* de pura cepa, listos para el «Gran Reset» justo antes del apocalipsis climático.

EL RACISMO DE MARX CONTRA EL NEGRO LASSALLE

El racismo hace ola. Anda por todas partes asomando el hocico, olfateando el menor rastro para acusar de aversivos a los blancos heterosexuales —¡qué adversidad ser ambas cosas!—. Tan perverso es el rastreo que, ¿saben qué?, el antirracista mismo cae en la trampa del aversivo.

Recomiendo el libro *The Image of the Black in Jewish Culture* (2010), de Betty Sigler-Rozen y Abraham Melamed. Aprendo que Marx llamaba al filósofo alemán Ferdinand Lassalle «el negro judío».

En una carta a Engels, Marx se da gusto con el peyorativo alemán «Itzig» (que es traducido como *n_ gg_r*):

Me resulta evidente que la forma de su cabeza, y la manera que le crece el pelo (¿Marx no ha visto pasas?), prueban que desciende de esos negros que acompañaron a Moisés cuando el éxodo de Egipto (a no ser que su madre, o su abuela paterna se mezclaran con un negro). Es esa mezcla de judaísmo y alemanismo, por una parte, y la raza negra por la otra lo que da lugar a un producto tan peculiar. Su falta de tacto es también típica de los n_gg_rs.

¿Y ese complejo de superioridad racial marxista a qué viene? Marx era sospechosamente trigueño para la Alemania decimonónica. Engels lo llamaba cariñosamente *Meine Liebe Moor* («mi querido moro»). Sigler-Rozen explica que el filósofo alemán era muy consciente de su piel oscura.

Se habla de cartas que la joven Jenny Marx le dirigía, repletas de insinuaciones sexuales relacionadas con el matiz exótico de la piel del filósofo (a Jenny le gustaba… ya tú sabes).

¿No será que Marx proyectaba su complejo de inferioridad de negro sobre Lassalle?

En la misma carta a Engels, Marx se burla de la voz «de pito» y la manera rápida de hablar de Lassalle. El mulato alemán (Lasalle se hacía el francés; su apellido verdadero era Lassal), filósofo, mujeriego, socialista temprano, no-marxista, duelista discutidor del honor (la vida le fue en ello), es personalidad digna de estudio. Debió haber escrito una carta (a alguien) hablando mal de Marx (esperémosla o imaginémosla).

Al margen, y por aquello de la mulatez: ¿conocía ese otro mulato de nuestra historia, oriundo de Banes, futuro presidente de Cuba, luego dictador, que el negro Lassalle era socialista? Me huelo que lo único que conocía era el colegio La Salle de Santiago de Cuba.

EL DESATINO HISTÓRICO DEL PRESENTISMO

Les presento el presentismo de la historia. Una especie de falsa moral travestida de historieta. El presentismo requiere un cambalache con el tiempo: escoger maldades pasadas con pinza, pasarlas por el colador «progre» y traerlas al presente como símbolos corrompidos del sistema.

Vivimos tiempos de rectificaciones de «errores» de la historia. Una tras otra, manan malevolencias desde el pasado y nada ni nadie se salva: Hume es racista, Shakespeare es misógino (la culpa la tiene el Rey Lear), Beethoven es supremacista (su himno *Alle Menschen Werden Brüder* en la novena sinfonía es una mancha).

La disciplina que peor sale es la historia. Un ejemplo reciente es el sonado *Proyecto 1619*, del *New York Times*. La activista Nikole Hannah Jones, figura en el ensayo luminario de la serie con el título «La idea de América», donde declara la esclavitud el «pecado original» blanco infectando el cuerpo de la nación hasta hoy. Somos un país fundado en la mentira, perviviendo en la mentira.

Hay dos puntos del ensayo (solo disponible para acceso del periódico *online*) que deseo discutir:

1ro, la lucha por la independencia contra Inglaterra (siglo XVIII) no es más que una conspiración de fundadores blancos que «defienden la esclavitud» contra la aristocracia británica ilustrada.

2do, la Guerra Civil (siglo XIX) «no buscaba el fin de la esclavitud» sino la preservación de la Unión. Visto así, el «racismo sistémico» es una abominación que corre «en el ADN de la nación».

Lo tenebroso es que el *Proyecto 1619* hoy en día se enseña como parte de la historia en las escuelas del país. La conclusión victimista de Hannah Jones descarta otra historia, la de los negros de EE. UU. que los *woke* «progres» quieren aplastar.

Me refiero a una tradición de éxitos y avances del negro en Estados Unidos, a saber: el movimiento abolicionista americano, la gran migración negra, la Reconstrucción, el aporte de figuras como Frederick Douglas, Booker T. Washington y W. E. B. Dubois; hitos culturales de la nación como el renacimiento de Harlem, el movimiento de los derechos civiles, Martin Luther King y el poder creciente social y político del Caucus negro en el congreso estadounidense en los últimos 60 años.

Para el victimismo propagado por la teoría de la interseccionalidad, cualquier éxito ganado por o para el negro debe ocultarse con el pretexto imprescindible del «racismo sistémico», estrategia obligatoria para la supervivencia del partido demócrata en Estados Unidos.

El nuevo presentismo

Comencemos con una perogrullada: si sabemos que la esclavitud es mala es porque *ya hubo esclavitud antes*. Saber lo malo y lo bueno requiere consenso de ideas —y eso toma tiempo.

No es difícil concluir que bien entrado el siglo XIX se sabía que el abolicionismo era mejor que el esclavismo; pero ya había 100 años de consenso abolicionista detrás.

¿Cómo puede cambiarse una maldad sin consenso alguno?

¡Incluso descubrir la maldad toma tiempo! No hay que ser iluminado para darse cuenta que mucha de la maldad de cada época pasa inadvertida en su momento; acaso se atisba por unos pocos visionarios y no del todo. La maldad se hará clara después, en la niebla del futuro próximo.

Trayendo el asunto al presente: ¿Habrá acaso una maldad en nuestro propio siglo XXI invisible para el presentista que tanto reprocha al pasado?

En efecto, la Declaración de independencia de EE. UU. de 1776, suscribe:

> *Sostenemos que todos los hombres son creados iguales, que están dotados por su Creador de ciertos derechos inaliena-bles, que entre ellos se encuentran la vida, la libertad y la búsqueda de la felicidad.*

¿Por qué no se extendieron estos derechos a los negros esclavos?

Hannah Jones arguye que los fundadores blancos defendían la esclavitud contra la aristocracia británica ilustrada. Es cierto que muchos de los firmantes de la Declaración tenían esclavos. Pero no es cierto que defendieran la esclavitud. Por el contrario, y traigo ahora al redactor de la declaración, Thomas Jefferson, quien había intentado añadir una cláusula a la Declaración, anulada antes de su publicación:

> *Él (refiriéndose a Jorge III de Inglaterra) ha librado una guerra cruel contra la naturaleza humana misma, violando sus derechos más sagrados de vida y libertad en las personas de un pueblo lejano que nunca lo ofendió, cautivándolos y llevándolos a la esclavitud en otro hemisferio o sufriendo una muerte miserable en su transporte hasta allí.*

¿Por qué no se incluyó? Jefferson responde:

La cláusula fue eliminada en cumplimiento a una petición de Carolina del Sur y Georgia, estados que nunca habían intentado restringir la importación de esclavos, y que por el contrario deseaban continuarla. Nuestros hermanos del Norte también se sentían mal ante mi párrafo, porque, aunque tienen muy pocos esclavos, sin embargo, habían participado de su comercio.

Otra cita de Jefferson, en *Notes to the State of Virginia:*

Todo comercio entre amo y esclavo es un ejercicio del despotismo más implacable y la sumisión más degradante. Nuestros hijos ven esto y aprenden a imitarlo. Y así amamantados, educados y ejercitados diariamente en la tiranía, no pueden dejar de ser marcado por estas odiosas costumbres.

Respuesta a Hannah Jones: La idea de liberar los esclavos negros, tan diáfana hoy, era realmente un concepto radical en la América del siglo XVIII. El fermento antiesclavista comienza a partir de la segunda mitad de ese siglo.

Lo marca una secuencia de acontecimientos históricos a partir de 1740: La ilustración es dieciochesca (con todo su arsenal de argumentos a favor de derechos). En 1750 Portugal suprime la esclavitud en la metrópoli. En 1758 nace la corriente abolicionista de la Secta de Clapham en Inglaterra. En 1776 se firma la Declaración de independencia. Sin ese documento los estados del Norte no hubieran suscrito la abolición gradual de la esclavitud, y por consiguiente no se hubiera dado la Guerra Civil (1861-1865) y la proclamación de la Decimotercera enmienda.

En 1780 se suscribe el Acta para la abolición gradual de la esclavitud de Pensilvania. Es el primer documento abolicionista firmado por una democracia.

Que la Declaración irrumpa en la escena con la esclavitud andando no desmerita el documento. Que una verdad no se instaure cuando es nombrada no la disminuye. La historia abolicionista en EE. UU. es una incrementación de derechos creando precedentes (lo sucesivo debe a lo anterior).

Para 1804 ya casi todos los estados del norte de la Unión suscriben el Acta de 1780. Aun así, esas leyes pioneras abolicionistas no buscaban realmente liberar al esclavo, sino prohibir el comercio esclavista (lo que provocó que la trata de esclavos se hiciera clandestina en el sur de la Unión). Es así como el siglo xix llega con dos vertientes en pugna: la abolicionista y la esclavista, la primera en auge, la segunda en caída.

Un conocido debate de 1830 entre Daniel Webster y Robert Hayne (senadores de la Unión, el primero del norte, el segundo del sur) es publicado en *La historia política de la esclavitud* (1903) de William Henry Smith:

> *Robert Hayne: Cualquiera que sea la opinión con respecto a la esclavitud y la prosperidad de la nación, no creo que la primera haya producido ningún efecto nocivo en el carácter de la Unión.*
>
> *Daniel Webster: La esclavitud ha sido considerada siempre como política doméstica, es decir, algo en lo cual el Gobierno Federal no tiene potestad alguna. Mi opinión es que la esclavitud es una maldad moral y política, pero prefiero dejar el asunto a esos que tienen el derecho y el deber de decidir. Este es el sentimiento del Norte.*

El breviario indica que el disenso sobre la esclavitud admite ambas posiciones antagónicas en un mismo estado de derecho.

Para el presentista es fácil convertir la historia en una parodia de maldades sin realmente penetrar en el porqué de la maldad y lo relativo de esta en su época. Ahora necesitamos constatar que no existe contexto histórico posible carente de una cosmovisión.

¿Qué significa cosmovisión?

La ética es parte de una rama del conocimiento llamada axiología, que estudia juicios de valor moral. La proposición «la esclavitud es mala» es verdadera, pero no tiene el mismo sentido en 2023 que en 1723, 1523, o 123 d.C.

Cada época encierra una especificidad propia de ideas comunes que aplican a los diversos campos de la vida. Esta especificidad es lo que llamamos cosmovisión.

En el siglo xi la tierra es plana. En el siglo xv los astros deciden la salud corporal y el futuro humano. En el siglo xvi el sol se mueve alrededor de la tierra. El siglo xvii da a luz la revolución newtoniana. El siglo xviii da paso a la Ilustración, la democracia, las libertades individuales y la erradicación de la supremacía religiosa.

Hasta el siglo xix se creía en la generación espontánea, el mismo siglo en que aparece la teoría de la evolución de Darwin.

La cosmovisión es el campo de batalla de ideas donde lo nuevo choca con lo viejo. Cada cambio requiere de un proceso. La intelección humana podrá anticiparse o retenerse, pero eso no altera la fluidez del proceso mismo (para que una melodía tenga sentido ¿no debe escucharse de principio a fin?).

Volvamos a los dos argumentos en el ensayo de Hannah Jones. Primero, los colonos declaran su independencia de Gran Bretaña porque «buscaban proteger la institución de la esclavitud». Segundo, Abraham Lincoln era realmente un «supremacista blanco» quien pese a sus escrúpulos sobre la esclavitud humana, no tenía interés en terminar con la esclavitud sino solo preservar la Unión.

Traigo a un testigo de los acontecimientos de principios del siglo xix. El historiador francés Alexis Tocqueville viaja a EE. UU.

en 1831, a la edad de veinticinco años. Le sorprende el fervor religioso del país, pero sobre todo la salud vibrante de la democracia, la descentralización política y la naturaleza participativa de la ciudadanía.

Aquí tres párrafos de *La Democracia en América* (1835):

En Norteamérica, el principio de la soberanía del pueblo ni está oculto ni es estéril como en algunas naciones: Es reconocido por las costumbres, proclamado por las leyes, se extiende con la libertad y alcanza sin obstáculos sus últimas consecuencias. El poder administrativo en los Estados Unidos no ofrece en su constitución nada central ni jerárquico. Es precisamente lo que hace que no se advierta su presencia. El poder existe, pero no se sabe dónde encontrar a su representante. La revolución contra Inglaterra se produjo por una apetencia madura y reflexiva de libertad, no por un instinto vago e indefinido de independencia. Y progresó por el amor al orden y la legalidad.

El primer enunciado afirma el acápite 5 del capítulo ii del *Tratado sobre gobierno* (1689), de John Locke: La soberanía del pueblo debe existir antes de que la Constitución lo ponga por escrito (para garantizar dicho estado). El segundo, explica sucintamente cómo el poder político queda repartido sin jerarquía. El tercero, comunica el porqué de la revolución estadounidense contra Inglaterra.

¿Es cierta la tesis de que Lincoln no tenía interés en terminar la esclavitud sino preservar la Unión?

Hannah Jones cae en un falso dilema. No se trata de terminar la esclavitud o preservar la Unión, sino las dos cosas a la vez. La prueba es la Proclamación de Emancipación de 1863, documento ejecutivo a favor de la liberación de los esclavos del Sur en medio de la guerra. Nunca hubo diferencia entre ambos.

Los confederados sureños se sienten en el deber de proteger su sociedad. Sí, estaban equivocados para la cosmovisión de la época (donde subsisten a la vez abolicionismo y esclavismo). Pero sería inexacto desde el siglo XXI, dar a uno como vencedor sobre el otro, en 1865.

Los confederados estiman que la emancipación puede destruir la economía del Sur (dada la gran cantidad de capital invertido en los esclavos). Al igual que en Cuba después de la Guerra de Independencia, entre los blancos sureños existe el «miedo al negro». Se teme una repetición de «la masacre de Dessalines», en la que muchos blancos, incluyendo mujeres y niños, fueron aniquilados después de la exitosa revolución de esclavos en Haití. Es innegable que a partir de 1865 surge con más fuerza el nuevo consenso abolicionista, aunque no sin resistencia.

El presentista no comprende esto último. Todo proceso social revolucionario implica equilibrio y desequilibrio. Sin equilibrio los procesos saltarían del complexo histórico, sin desequilibrio se detendrían. Acción, reacción: a toda revolución se opondrá una contrarrevolución. Invariablemente aparecerán jacobinos contra monárquicos, bolcheviques contra blancos, socialdemó-cratas contra espartaquistas, falangistas contra republicanos, castristas contra anticastristas.

La derrota del Sur fue aplastante: 260.000 muertos; su econo-mía y *modus vivendi* arrasados. Hasta bien entrado el siglo XX aún pervivía en el Sur la herida sicológica de la derrota.

Entran en choque dos visiones de la posesclavitud: la de Abraham Lincoln, pragmática, antiesclavista, pro derecho al voto negro liberto; la de Andrew Johnson (vicepresidente del primero), conservadora y pro Sur.

Johnson al principio prohíbe a los ex confederados ricos participar en el proceso, con la esperanza de que los campesinos unionistas tomaran el control de la política del Sur. Comprendía que el futuro pertenecía al abolicionismo, pero asume el mando de un país profundamente dividido. Y el trabajo no había empezado siquiera. De ahí el apelativo «Reconstrucción».

En mayo de 1865, el presidente Johnson anuncia un nuevo plan. Para que un otrora estado Confederado sea recibido nuevamente en la Unión debe primero, escribir una nueva constitución estatal; segundo, elegir un nuevo gobierno estatal; tercero, rechazar sus actos de secesión, cancelar su deuda de guerra y ratificar la Decimotercera enmienda que abole la esclavitud. Meses después todos los estados sureños han cumplido con los requisitos. La respuesta es esperanzadora. La Reconstrucción ha comenzado.

Aunque los derechos de los ex confederados han sido reducidos, el paradigma posesclavista requiere un balance difícil entre persuasión e implementación. En el Congreso se cuece la Decimocuarta enmienda, que incluye al negro como ciudadano. A fines de 1865, después de ¡setenta modificaciones! (prueba de la lucha existente entre ambos bandos), el Comité conjunto de reconstrucción propone la última: el voto ciudadano de un estado que prohíba el voto por motivos de raza, no será contado a los efectos de representación de ese estado. La enmienda es bloqueada por los republicanos antiesclavistas, pero también por los demócratas antiabolicionistas. ¿Cómo es posible? Da derecho de ciudadanía al negro, pero aún no le otorga derecho al voto.

Incluso la Decimocuarta enmienda es una victoria civil importante. Establece que todas las personas nacidas en los Estados Unidos son ciudadanos estadounidenses con casi los mismos derechos y protecciones.

Aquí hay una contradicción entre lo moral y lo constitucional. Y es que lo constitucional siempre va detrás de lo moral. El código legal no puede ir delante de la realidad porque el futuro es imprevisible.

Lo moral es respuesta humana a los hechos en el teatro de la cambiante realidad; lo constitucional es la constancia de esa respuesta en el código.

La abolición de la esclavitud es el principio. Ahora el negro libre merece ser ciudadano. Le sigue el derecho al voto. Pero en un estado de derecho con divisiones profundas, no puede legislarse todo por la fuerza. Los moderados del Congreso instan a Johnson a firmar el proyecto de ley, pero este no está convencido.

Su razón: 11 de los 36 estados de la Unión no tienen representación en el Congreso y sin dicha representación la ley discrimina al blanco a favor del negro. Johnson veta el proyecto y el veto es anulado por la mayoría. La medida se convierte en ley. El cisma produce una división entre los republicanos moderados proabolicionistas del Norte que ahora dudan de la legitimidad de usar el poder constitucional del Congreso para legislar apresuradamente, y los radicales, que resienten la lentitud en la dinámica de mayoría democrática. ¡Eso es proceso!

Le sigue el Acta de Derechos Civiles de 1866. Los senadores republicanos inician un juicio de *impeachment* que falla, pero la bola viene rodando. El Sur no puede detener las nuevas leyes de reconstrucción, en particular la ley del sufragio para los libertos. Es esta última ley la que da lugar al Ku Klux Klan (el grupo decae temprano en los 1870, cuando el nuevo presidente Ulysses Grant lanza una segunda andanada): el Acta de Derechos Civiles de 1871, que permitirá a los nuevos ciudadanos demandar en la corte por la violación de sus derechos.

Sería un error reducir el ímpetu de las ganancias legales en esta coyuntura a una dádiva de los políticos del Norte. Por el contrario, es el resultado de la voluntad de cientos de miles de negros libertos exigiendo, con cada derecho ganado, el próximo paso.

El presentista de hoy arrebata al negro esta parte del proceso de la historia, como si los logros de la Reconstrucción fueran consumados por extraterrestres. La respuesta del presentista es de esperar: ¡Enmiendas a medias tintas!

La Decimocuarta enmienda es lo que el jurista Louis Brandeis ha llamado «arbitrio provisional»; el documento que legitima ganancias anteriores preparando el terreno para logros futuros. Ahora es posible seguir adelante con la Oficina de Libertos.

Por cuatro años ese organismo sustentado por el ejército de la Unión proporciona comida y cuidado médico gratuitos a blancos y negros del Sur. Ayuda a que los negros libertos negocien salarios y mejores condiciones laborales. Distribuye parcelas de tierra de cuarenta acres a negros libertos y refugiados. El beneficio más duradero de la Oficina es la educación gratuita de miles de ex esclavos jóvenes y adultos.

Surge entonces una nueva clase política, los llamados *scalawags*, sureños convertidos a la causa reconstruccionista del Norte que buscan hacerse del poder político perdido. Ese *scalawag* vive en medio de un fuego cruzado entre el yanqui que lo desprecia y el recién fundado KKK que lo considera un traidor.

En cualquier democracia, si el vencido admite su error, puede reintegrarse al rodeo. Así es como el Partido Demócrata (otrora proesclavista y antirreconstruccionista) va adquiriendo poder.

Si pasamos revista al período 1865-1871, está claro que el país ha sido estremecido en sus cimientos. Mientras el Norte ganador avanza la causa de derechos de los negros libertos, los patricios del Sur comienzan una campaña violenta de intimidación buscando socavar el naciente progreso civil.

Por otra parte, el ciudadano negro busca nuevas garantías y libertades, incluido el derecho a organizar sus propias iglesias, enviar a sus hijos a la escuela, salud, tenencia de tierras. Toda una generación de negros y blancos activistas se vuelca a la lucha por instituir distritos militares, para matricular nuevos votantes negros e impulsar nuevos gobiernos en el Sur. Y se dan resultados tangibles. Los negros cuentan con el mayor número de nuevos votantes y se integran al Partido Republicano de la emancipación.

Bajo la presidencia de Ulysses Grant el Congreso aprueba en 1870 La Decimoquinta Enmienda, que prohíbe a los estados y al gobierno federal usar la raza como pretexto para restringir el voto. Para muchos el futuro es prometedor.

¿Qué cambios trajo la Decimoquinta? Algo completamente inesperado diez años antes y que continúa siendo modelo de cambio social en las Américas. Entre 1870-1873 veintidós negros nacidos esclavos se incorporan al congreso del Sur (20 en la Cámara de Representantes y 2 en el Senado).

Llegamos entonces a la presidencia del republicano Rutherford Hayes (1877-1881) que abre con la devolución de la autonomía del Sur y el estancamiento del proceso de reconstrucción.

Ahora la Cámara de Representantes es controlada por una mayoría demócrata con el poder de negar los fondos requeridos para que el ejército de la Unión continúe guarneciendo al Sur. La reconstrucción militar cede ante la terca resistencia social y política del Sur. Le sigue el revés de *Plessy contra Ferguson* en 1896, abriendo el siglo xx con el período Jim Crow de segregación racial.

El sueño reconstruccionista todavía necesitará seis décadas más de lucha. Un testigo de esa contienda, Martin Luther King, trae consejo para el presentista, desde los años 60 del siglo xx:

> *La línea hacia el progreso nunca es recta. Un movimiento puede seguir esa línea y luego aparecen obstáculos y el camino se torna curvo. Es como dar la vuelta a una montaña cuando se acerca una ciudad. A menudo parece como si se estuviera retrocediendo y se pierde de vista el objetivo; pero de hecho se avanza, y se vuelve a ver la ciudad más cerca. La victoria final es una acumulación de muchos saltos a corto plazo. Descartar a la ligera un éxito porque no marca el comienzo de un orden completo de justicia es no comprender el proceso que lleva a la victoria.*

¡Oídos sordos! El presentista no pierde su tiempo con el avance lento de la historia (King apenas es mencionado por la nueva ortodoxia progresista). Lo que cuenta ahora es la maldad del próximo estado histórico.

El presentista no puede comprender que cada maldad en la historia tiene que estar donde está. Todo lo que se da es causa y efecto de una cadena que solo termina con el principio mismo del proceso. Esa reunión de causas y efectos no tiene plan ni sentido ni finalidad alguna. Lo que llamamos malo y bueno de la historia es ese constante causar de la mano implacable e impostergable del tiempo.

LA FARSA
DE LA MASCULINIDAD TÓXICA

Me doy cita con una amiga muy asustada por un artículo de Rosa Montero. La conocida periodista española cierra filas con los *woke* peninsulares que batallan contra la «masculinidad tóxica». Para Montero, lo «tóxico» no modifica el sustantivo. ¡Es la identidad misma!

El feminismo ha convertido la masculinidad en una perversión, idea espuria que deseo refutar.

De acuerdo a *Wikipedia*:

> *La masculinidad tóxica es un concepto utilizado en psicología y feminismo para referirse a ciertos comportamientos y normas culturales de los hombres que pueden generar cierto daño a la sociedad. A los hombres tradicionalmente se les suele asociar el estereotipo de ser más dominantes o competitivos. Sin embargo, pueden considerarse conductas «tóxicas» cuando se muestran junto a actitudes misóginas, homófobas o que promueven la violencia, incluyendo la agresión sexual y la violencia de género.*

«Pueden generar», «se les suele asociar», «pueden considerarse». Un viejo dicho jurídico advierte: «Donde abundan las conjeturas disminuyen las pruebas».

Agresión indica un comportamiento cuya intención es hacer daño (sea sexual o no). Y si la agresión sexual viene de un hombre, este no lo hace en virtud de su sexo, sino por un defecto sustancial de carácter. No se mezcle lo agreste con lo agrario.

Continúa *Wikipedia*:

> *A menudo, estas actitudes están presentes desde el comienzo de la socialización de los chicos, normalizando actitudes violentas como forma de relacionarse con otras personas.*

¿A menudo? ¡Qué *innuendo*! No existe manera de probar que la socialización de los chicos presuponga una normalización de «actitudes violentas». ¿De qué socialización hablamos? Hay tantos tipos (dicen los sociólogos): afectivas, discordantes, represivas, adaptativas, conyugales, de género, etc.

Wikipedia cita a la Asociación Estadounidense de Sicología:

> *Los hombres que se adhieren a las normas culturales tradicionalmente masculinas, como la asunción de riesgos, la violencia, el dominio, la primacía del trabajo, la necesidad de control emocional, el deseo de ganar y la búsqueda de un estatus social, tienden a tener más probabilidades de experimentar problemas psicológicos como la depresión, estrés, problemas de imagen corporal, abuso de sustancias y malfuncionamiento social.*

Las normas «tradicionalmente masculinas» citadas arriba no parten de un decreto absurdo de los patriarcas y el chamán de la tribu, bajo el efecto de setas alucinógenas al ritmo de tambores, en una gruta del norte de África, hace 80.000 años.

Existen desde el comienzo mismo de la historia humana, lo que indica que dichas normas han funcionado como selección social. Y por eso se hacen tradición. De provocar «problemas sicológicos», habría que concluir que dichos «problemas», o no lo son, o constituyen colaterales sociales de la historia del ser humano.

¿Son la depresión, el estrés, los problemas de imagen corporal y el abuso de sustancias y mal funcionamiento social, problemas de los hombres en exclusivo? Y ¿qué produce tal intoxicación masculina? Nunca queda claro.

Escribo en mi libreta la serie: «varón» «socialización» «masculinidad tóxica». ¿Es la socialización la causa, o el varón mismo que ya viene tóxico de fábrica?

Si la causa fuese el varón, la socialización huelga; si fuese la segunda, entonces la masculinidad no es la culpable. Hay otro asunto, ¿no es socializar el «comportarse de acuerdo a patrones sociales de conducta»? Luego, la socialización de los varones representa patrones de conducta de estos últimos en la sociedad. El perro se muerde la cola.

Visto así, la «masculinidad tóxica» prehistórica parece haber sido causada en retroactivo por el feminismo de cuarta ola (risas).

Ser antisocial no es suficiente motivo para ser violento. Zenón el cínico irritaba a los mentecatos con su sosiego. San Simeón el Estilita estuvo 37 dóciles años sin ver a nadie, sentado en una columna.

¿Por qué a las feministas de cuarta ola les molesta que el hombre sea dominante?

Si soy así, qué voy a hacer, reza el tango. Y es que no tiene sentido. Los tenistas Novak Djokovic y Caroline García son muy competitivos y no hacen daño a nadie. Por otra parte uno puede ser muy dañino sin ser misógino ni homófobo.

Se puede ser dañino y homosexual, como lo atestigua Jeffrey Dahmer, asesino en serie. Un connotado misógino como Friedrich Nietzsche, era flemático.

No existe manera de demostrar una conexión necesaria entre «competitivo» y «dominante», o «misógino» y «homófobo» y punto. Juana Barraza, «la mataviejitas», era una mujer dañina. Mi abuela era una mujer dominante.

Por último, existen hombres dóciles (el pobre tío Pacho era un pan). ¿No nos parece suficiente?

RACISMO AVERSIVO CON FRAGILIDAD BLANCA (PARA BLANCOS)

Hay dos ideas espurias primas hermanas muy en boga entre los *woke* «progres» del mundo: El «racismo aversivo» y la «fragilidad blanca».

Con el «racismo aversivo» se necesita Wikileer para creer:

El racismo aversivo es un término creado por los psicólogos sociales Samuel L. Gaertner y John F. Dovidio en 1986, para identificar formas de racismo y comportamiento xenófobo sutil, empleados por individuos que ideológicamente están abiertamente posicionados en contra del racismo tradicional.

¿Una persona «abiertamente posicionada» en contra del racismo es todavía racista? Tal parece:

Esta nueva forma de racismo ya no pasa por la discriminación directa y pública hacia minorías étnicas o culturales, sino que aparece bajo la forma de prejuicios encubiertos e inconscientes sostenidos por individuos que habitualmente niegan ser racistas.

¡Vaya! El aversivo que presentan es un *automaton ignoramus*, errando por el mundo, hiriendo almas inocentes. El racista tradicional se las daba. ¡Sí, soy racista! —decía. El aversivo es raro. Niega que es racista, pero lo lleva inconsciente (¿o se hace el que no?). Es una condena existencial; mejor dicho, racial, porque es blanco.

El «racismo aversivo» me huele a pescado ciguato. Hasta hoy, la culpa del crimen depende de la intención delictiva. Se le llama «imputable» porque es merecido, merecido pues ha sido cavilado. Sin esa cadena no hay culpa.

El asunto es de otro tipo. Para el antirracismo deben cumplirse tres puntos insoslayables:

1ro El blanco ha construido un sistema racista hegemónico que lo determina social y sicológicamente (Racismo sistémico).

2do Con el tiempo ese racismo se internaliza a un nivel casi microscópico que el blanco mismo no es capaz de discernir (Racismo aversivo).

3ro Es por lo anterior que el color de su piel deviene símbolo de ese odio (Blanquitud).

4to Negar los tres puntos anteriores equivale a un complejo de superioridad presentado socialmente cual mecanismo de defensa (Fragilidad blanca).

Hablemos de esta última fragilidad, que es el racismo aversivo *solo para blancos*. La académica Robin diAngelo (blanca ella) tiene la distinción de haber popularizado el síntoma. Sucede que cuando un blanco está entre negros, le sobreviene un «estrés racial» aumentativo, que lo lleva de la ira al miedo y del miedo a la culpa.

La «fragilidad blanca» es subterfugio ideal para milenarios *woke* y *zoomers* auto flagelantes. Ser blanco automáticamente te hace privilegiado y racista aversivo. ¿No lo aceptas? Pues no haces más que afirmar tu complejo de fragilidad racial.

Si proclamaras a los cuatro vientos: ¡Sí, soy racista aversivo! Ni modo, no te curas. El racismo sigue pegado a ti como un mancha bochornosa. O peor, seguirás siendo racista —incluso sin saberlo.

Semejante tramoya me recuerda aquel consabido cuento de Hans Christian Andersen del rey que cae en la trampa de su propia arrogancia. Permítaseme rememorarlo.

A propósito de un gran desfile, el monarca recibe la visita de unos charlatanes vendiéndole un traje maravilloso que se fabricaría especialmente para la ocasión. Le advierten sin embargo que el ropaje exhibe la rara propiedad de hacerse invisible a la vista de los energúmenos.

El rey mordido por la curiosidad acepta y los rufianes se dan a la tarea de confeccionar la vestimenta invisible. Como sabemos, días después, el rey se prueba el traje delante de sus íntimos, y aunque no distingue traje alguno y él mismo se ve en paños menores, se maravilla que su cortejo privado ensalce la calidad del atuendo.

El día del desfile sale en pelotas y los súbditos juegan el juego aclamándolo, hasta que un niño en la muchedumbre grita: «Mamá, mira, el rey está en cueros».

La «fragilidad blanca» es un traje maravilloso e invisible confeccionado por blancos narcisistas para blancos tarados, dispuestos a aceptar su «racismo aversivo» con tal que los demás blancos *woke* no les echen en cara, ya saben, su «fragilidad blanca».

LA MATRIZ ANTIRRACISTA EN LUCHA CONTRA SU ARCHIENEMIGA LA EMPATÍA

Aquí viene, del teclado del profesor y activista Ibram X. Kendi, la bomba antirracista:

Cuando el blanco dice «no me importa el color de la piel» está realmente diciendo que rehúsa ver su forma pasiva de racismo.

Señores, aquí no hay derecho a riposta. Está terminantemente prohibido. ¡Qué raro!, diría el escéptico. ¡Qué autoritario!, diría el asambleísta. ¡Qué astuto!, diría el retórico. ¡Merecido!, diría el *woke* anti-blanco.

¿Por qué el credo antirracista prohíbe al blanco expresar la voluntad imprescindible para combatir el racismo?

Vayamos atrás, al pasado brumoso de dos archienemigos, el persa y el ateniense. El persa es el invasor, su ejército es desorganizado, exhibe un comportamiento fiero, habla un idioma diferente, adora otros dioses. En una palabra, es «bárbaro». El historiador nunca añade (no le toca necesariamente a su materia) que ni el ateniense ni el persa nacían con odio el uno hacia el otro.

La sospecha por lo extraño está impregnada en el ADN del *Homo sapiens*; selección social que le permitirá sobrevivir 140.000 años de la prehistoria a la historia. Hay mucho más en ese pasado ancestral que en el breve presente civilizado.

Sin embargo, lo extraño es relativo. ¿Quién no ha experimentado en carne propia el encuentro con unos familiares incógnitos y recónditos viniendo por unos días de visita a la ciudad? Después de compartir la tarde, cada cual en su aposento comenta reparos de ocasión: «qué manera de comer», «¿viste cómo cuchichean?», «y el pequeño, qué malcriado está». No obstante, al final de la semana los anfitriones citadinos planean devolver la visita a provincia. Serían raros, pero ahora los encuentran simpáticos.

Para que el color de la piel deje de ser motivo de sospecha es necesario que esa diferencia se haga familiar. Así define la palabra el Diccionario de la Lengua:

> *Familiaridad: Llaneza, sencillez y confianza en el trato (…) contacto habitual o conocimiento profundo.*

La piel no produce odio de por sí. Los atenienses y los espartanos del siglo v a.C. eran primos y se odiaron a muerte. Los hutus y los tutsis en el siglo xx d.C. eran vecinos, tenían el mismo pigmento y se odiaron a muerte.

¿Queremos eliminar ese odio? Entonces hay que *desaprender* y *des*condicionar. Cómo hacerlo le toca a cada grupo, familia e individuo. Es un proceso complejo que toma tiempo.

Lo que sí no funciona es «forzar» a la persona afrentándola. Ojalá fuera así de simple. Para vencer mi aprensión por el color de la piel de otro, debo encontrar la voluntad de hacerlo. Esa voluntad se llama empatía.

La empatía es una especie de apertura por medio de la imaginación. Me imagino en el lugar del otro. Acojo lo extraño del otro, no lo que ya conozco, sino lo distinto que se me parece. Se llama plasticidad. Aquí la definición en el *Diccionario de neurofisiología* de David Loring (1999):

> *La plasticidad cerebral es la capacidad del sistema nervioso de cambiar su estructura como reacción a la diversidad del entorno. Se utiliza para referirse a los cambios que se dan a*

diferentes niveles en el sistema nervioso: Estructuras molecu-
lares, cambios en la expresión genética y el comportamiento.

La plasticidad imaginativa es una condición del pensamiento ampliado plasmada en «La regla de oro», evolución ancestral de la reciprocidad que cimienta la moral del *Homo sapiens.* «No le hagas a otro lo que no deseas que otro te haga a ti».

En La Habana de mi juventud, mis amigos negros eran tan amigos como los demás. Raramente fui testigo de una discusión entre blancos y negros al respecto. Y cuando la hubo nuestra voluntad era aplicar la empatía. Aplicábamos exactamente lo que prohíbe el antirracismo: no ver el color, sino ver al otro en su propio SER. En la práctica descubrimos que el SER es intrínseco e incoloro.

El dogma antirracista me recuerda la película mexicana *No me defiendas compadre* (1949). En una escena del film, Marcelo, aprendiz de jurisperito, se empeña en defender a su socio Tin Tan, acusado de presunto hurto. El buenazo de Marcelo no tiene pelos en la lengua. Una vez delante del juez, lejos de absolver a su amigo con su defensa, lo incrimina más aún. Tin Tan consternado le espeta: «¡Ya, no me defienda compadre!».

La pulsión del antirracista es santurrona. Pretende encasillar al blanco en una estructura férrea («El racismo sistémico»), prohibiéndole voluntad propia, condenándolo a ser racista.

¿De qué se le culpa al blanco entonces? ¿No es tragicómico pretender cambiar lo que no puede cambiarse?

Nefando ese mundo antirracista prefabricado para huestes de narcisistas blancos, zombis ávidos de aceptar sus racismos irremediables.

Y no importa que se arrodillen remordidos, no importa que se excomulguen suplicantes. Desde ahora y para siempre seguirán siendo racistas.

BREVIARIO DE LA «BLANQUITUD»

«La blanquitud es un virus que invade al blanco».

1. El eslogan arriba, estridente y virológico, nos llega de un pionero del antirracismo, Theodor Allen —dígase, blanco él— en *The invention of the white race* (1994). Allen no es el primer blanco anti-blanco ni será el último.

2. El profesor antirracista Richard Dyer (adivinen, otro blanco) del King College en Londres, decide separar la blanquitud de lo real. Su meta es hacer del color un símbolo. En el libro *White, Essays on Race and Culture* (1997), Dyer examina el racismo desde la representación occidentocéntrica del cristianismo, el género y el colonialismo. Ahora BLANQUITUD deviene «ideal no corpóreo». Pero Dyer no va lo suficientemente lejos (su idea de BLANQUITUD solo aplica a las élite blancas).

3. En *The Possessive Investment in Whiteness* (1998), el profesor George Lipsitz retoma el concepto de Dyer y lo «deconstruye» para el contexto posmoderno. La BLANQUITUD flota en el *iCloud* de los «sistemas estructurales» que benefician y protegen los intereses de TODOS los blancos.

4. La BLANQUITUD llega a Latinoamérica vivita y coleando. La activista chilena Paula Guerra Cáceres la describe así:
    La blanquitud no es un color. La blanquitud es una construcción social, una ideología surgida en 1492

*con el relato interesado de la Modernidad (…) es un
fenómeno histórico e ideológico, un sistema político
que marca racialmente como inferiores a los pueblos
no occidentales (…) con el fin de mantener la supremacía y los privilegios políticos, económicos y sociales
de las poblaciones blancas, es decir, con el objetivo de
mantener el privilegio blanco.*

5. Si BLANQUITUD es ahora un fenómeno «ideológico y
    político con marcadores llamados a fomentar la supre-
    macía» ¿no es lícito suponer que los instrumentos típicos
    de ese sistema ideológico, tales como la fenomenología,
    el marxismo, el existencialismo, la Escuela de Fráncfort,
    la deconstrucción y el sicoanálisis (creados todos por
    europeos blancos) también estén un poquito blanquitos?
    Al menos Jacques Derrida (el deconstructor mayor) tuvo
    la honestidad intelectual de admitir que su crítica a la
    metafísica occidental era occidentocéntrica.

6. ¿Acaso la teoría de la BLANQUITUD antirracista de un
    blanco es menos blanca porque se odie a sí misma? ¿Y
    no es el «odio a uno mismo» una forma de narcisismo?

Llevando el asunto a la genética (su creador, el austríaco
Mendel era bien blanquito) ¿no llevan todas estas herramientas
históricas e ideológicas antirracistas, todas creadas por blancos,
el ADN matriz supremacista blanco?

RIQUEZA Y «BLANQUITUD», DOS PECADOS ORIGINALES

El pecado
original
en el marxismo
es
LA RIQUEZA.
El pecado
original
en el marxismo *woke* estadounidense
es
LA BLANQUITUD.

ODIO ANTIBLANCO
PARA BLANCOS Y NO BLANCOS

Abrimos con la definición de racismo en *Wikipedia*:

> *Toda distinción, exclusión, restricción o preferencia basada en motivos de raza, color, linaje u origen nacional o étnico que tenga por objeto o por resultado anular o menoscabar el reconocimiento, goce o ejercicio en condiciones de igualdad, de los derechos humanos y libertades fundamentales en las esferas política, social, cultural o en cualquier otra esfera de la vida pública.*

A continuación un párrafo escrito por el filósofo poscolonialista francés Louis Sala Moulins (blanco él), en 2001.

> *El hombre blanco está genéticamente determinado a matar, masacrar, violar, se ha separado del resto de la humanidad para esclavizarla. No puede evitarlo. El color de su piel no es meramente un asunto de pigmentación, sino un defecto moral, una mancha imperdonable.*

El lector se preguntará, ¿puede haber un racista de su propia raza? Sí, claro. Se conoce como «odio a uno mismo». Sala Moulins sufre del síntoma «racismo contra sí mismo», variación del fenómeno anterior. Es el tipo de racismo anti-blanco de los blancos *woke* que no se creen racistas —o se llaman «antirracistas».

Por otra parte, el odio anti-blanco de Sala Moulins es el mismo de muchos racistas no-blancos (sean negros, rojos, amarillos o extraterrestres) *woke* que no se creen racistas —o se llaman «antirracistas».

¿QUÉ ES WOKISMO?

El wokismo es activismo es
marxismo/leninismo es
identitarianismo (más desigual mejor) es
interseccionismo (más victimista mejor) es
castrista y guevarista es
de la cuarta ola feminista (vendrán peores) es
antirracista (es decir, a la inversa racista) es
antinatalista (es decir, para nacidos natalista) es
klausschwabista y 4.0 proglobalista es
procatastrofista (del CO_2 neocolonialista) es
antieuropeísta (desde Europa promigracionista) es
antioccidentocentrista (luego occidentocéntrica) es
antieurocentrista (luego eurocentrista) es
enredo (opaco e impenetrable) es
lo que no es.

DE LA IZQUIERDA DE AYER
AL WOKISMO DE HOY

¿Cómo es posible que la izquierda liberal e inamovible del siglo xx, se haya convertido en la derecha de 2023? Pocos se explican el fenómeno. Y es que todo ha sucedido demasiado rápido. Propongo analizar el asunto desde el *slogan* castrista «metas a seguir» ¿Lo recuerdan?

En el siglo xx la meta a seguir de los países del Tercer Mundo era el desarrollo económico. En 2023 los *woke* catastrofistas sospechan del desarrollo económico que aumente las emisiones de CO_2. Abogan un «desarrollo sostenible» sin petróleo —¡una quimera!

Federico Engels defendía a la familia como fundamento del estado. Los *woke* del siglo xxi le declaran la guerra a la familia nuclear (padre y madre) y prefieren hogares monoparentales, o familias mixtas o familias con padres del mismo sexo.

Los marxistas del siglo xx eran casi todos carnívoros. Los de 2023 aspiran a ser entomófagos.

El obeso en el siglo xx cuidaba su salud y trataba de adelgazar. El gordo de hoy engorda más, aspira ser *influencer*. ¿Continuamos?

Desde la Revolución francesa, Rousseau era el héroe de la izquierda. Hoy es un eurocéntrico «misógino».

Kant creó el imperativo categórico que llegó a transformar la ética. En 2023 es un racista «hegemónico» blanco.

En el siglo xx los marxistas se proclamaban materialistas. En el siglo xxi se declaran *internetistas* adictos a TikTok y al chatGPT.

El materialismo histórico marxista razonaba que cada época era efecto necesario de lo anterior. En 2023 el presentismo poscolonialista ve la historia como una cadena bochornosa de horrores racistas.

Siempre hubo dos sexos (masculino y femenino), hasta el siglo XXI, cuando el sexo se hizo género y se multiplicó. La Unión Europea y Estados Unidos reconocen ¡37 de ellos! (vendrán más).

Para Castro la patria era sagrada. Para los *woke* castristas actuales el patriotismo está asociado al nacionalismo, la xenofobia, el fascismo y el occidentocentrismo.

Los liberales de izquierda estadounidenses de segunda mitad del siglo XX defendían la libertad de expresión contra el macartismo. Hoy, los activistas interseccionalistas norteamericanos defienden la censura.

Los negros estadounidenses del siglo XX no consideraban la palabra «negro» una ofensa. En 2023 decirla o escribirla es tabú.

Hasta el siglo XXI, Beethoven y Bach eran considerados dos de los grandes compositores de la historia. Los *woke* de hoy los califican de blancos misóginos. Homero, el aedo griego, sufre la misma suerte (la culpa la tiene La Odisea).

Quién hubiese imaginado que pintores de la talla de Balthus y Gaugin fuesen censurados en 2021, ¡en el Museo Metropolitano de New York y la National Gallery de Londres! Por fin la música y la literatura tienen su raza —si es blanca peor.

Dijo Cicerón: *O tempora, o mores!*

Cerramos con un párrafo visionario de G. K. Chesterton a propósito para esta nuestra época, mojigata posmilenarista:

> *Pronto estaremos en un mundo en que un hombre podrá ser abucheado por decir que dos y dos son cuatro, donde se alzarán furiosos gritos contra cualquiera que diga que las vacas tienen cuernos, donde se perseguirá la herejía de afirmar que un triángulo tiene tres lados y donde se colgará a un hombre por enloquecer a la turba con el veredicto de que la hierba es verde.*

EL ADN MARXISTA DEL IDENTITARIANISMO

¿Conocen el identitarianismo? Es una ideología que viene cocinándose hace más de tres décadas a nivel académico en Europa y EE. UU., desde trincheras como el poscolonialismo y el feminismo de cuarta ola.

Señala *Wikipedia*:

> *El identitarianismo es un enfoque y análisis político basado en la priorización de los aspectos más relevantes de la identidad racial, religiosa, étnica, sexual, social y cultural. Las políticas identitarias están basadas en edad, religión, clase social, profesión, cultura, lengua, discapacidad, educación, raza o etnicidad, sexo, identidad de género, ocupación, orientación sexual y veteranía.*

¿Recuerdan las clases de marxismo-a-pulso en Cuba?

El marxismo bulle en el ADN del identitarianismo. Sus figuras cimeras, Hommi Bhabha, Gayatri Spivak, Amar Acheraiou, Dorothy Smith, Kimberlé Crenshaw, Barbara Smith y Linda Nicholson, son todos marxistas declarados.

La feminista chicana Gloria Anzaldúa lo resume en su libro *La nueva mestiza* (1987):

> *«Tu lealtad es para La Raza, el movimiento chicano», dicen los miembros de mi raza. «Tu lealtad es para el Tercer Mundo», dicen mis amigos negros y asiáticos. «Tu lealtad*

es para tu género, para las mujeres», dicen las feministas. Luego está mi lealtad al movimiento Gay, a la revolución socialista, a la magia y lo oculto. ¿Qué soy yo? Una lesbiana feminista del tercer mundo con inclinaciones marxistas.

Les presento un marxismo identitario de bolsillo en tres puntos:

En lo económico

La tesis central marxista se mantiene incólume: el capitalismo es un sistema de explotación en quiebra que conduce al socialismo como vía anterior al comunismo. El agente de cambio es la revolución en cualquiera de sus manifestaciones. El experimento revolucionario se modificó para el siglo XXI, con el Chavismo, el Evoísmo y el Orteguismo, caballos de Troya por la vía democrática.

¿Para qué hacer una guerra desde fuera, cuando puede ganarse desde adentro? Esa es La Nueva Lucha Woke. Casualmente, aparece el método revolucionario mediático: «la cultura de la cancelación», que hoy se implementa a través del poder corporativo, el llamado ESG (Gobierno ambiental, social y corporativo) en santa alianza con los gobiernos de occidente.

En lo cultural y político

La tesis marxista de «lucha de clases» se transforma en los años 60 tempranos del siglo XX. Frantz Fanon, héroe teórico del poscolonialismo lanza la idea del «hombre nuevo», adoptada luego por Ernesto Che Guevara.

El Che, el además de guevarista, es castrista. La estrategia de lucha antimperialista durante la Guerra Fría era la guerra de guerrillas (no habría Tupamaros, ni Ejército Revolucionario del Pueblo en Argentina, ni Movimiento Túpac Amaru en Perú, ni

Frente Sandinista en Nicaragua, sin el *motus* de la guerrilla gueva-rista). El castrismo/guevarismo fue canonizado en la Primera Conferencia Tricontinental de La Habana, 1966.

Entonces sucede lo imprevisible. En 1991 el bloque soviético se desploma. La últimas colonias europeas son devueltas a China en 1997. Asoma el siglo XXI y el consenso de la izquierda marxista internacional es que a las masas proletarias no les interesa la revolución. Tal parece que el marxismo ha perdido relevancia. Es el momento de adaptarse a la nueva coyuntura.

Castro lo deja claro en un discurso de 2007:

> *La revolución simplemente se adapta y resiste. Los impe-rialistas no pueden entender eso. Resistimos todo lo que ya hemos resistido y seguiremos resistiendo todo el tiempo que haga falta resistir (aplausos).*

La nueva estrategia de la guerrilla antimperialista para el siglo XXI queda delineada. Lo apunta el economista egipcio Samir Amin en *El eurocentrismo* (1989):

> *La tarea ahora es la de subvertir toda situación institucional, cultural y epistemológica afectada por el eurocentrismo y occidentocentrismo.*

La forma primaria de subversión es DESCOLONIZAR, pero eso nada tiene que ver con las colonias europeas (inexistentes en el siglo XXI). «Descolonizar» es una guerra de guerrilla ideológica derrumbando todo lo que huela a occidentocéntrico.

¿Locke, Kant, Rousseau, filósofos europeos que instituyeron la idea de derechos universales? Ahora son eurocéntricos y misóginos. ¿Las ciencias? Los maestros de primaria y secundaria marxistas se jactan de «descolonizar las matemáticas». ¿La música? ¿La literatura? Para 2023 Blancanieves, Cenicienta y

Hansel y Gretel, de los Hermanos Grimm, son prohibidos en muchas bibliotecas infantiles europeas.

El «racismo» ya no conlleva el mismo significado para los líderes negros en la lucha por los derechos civiles en Estados Unidos. De acuerdo al presentismo, los logros de la lucha por los derechos civiles de los años 60 y la «Sociedad de bienestar» promulgada por el presidente Lyndon B. Johnson son «ilusiones que perpetúan el racismo sistémico». Hay que derribar cualquier logro histórico dentro del proceso democrático y político, sea norteamericano o europeo.

El lenguaje de los teóricos poscolonialistas es destructivo, y sugestivo. ¿Los hechos? No cuentan. Lo que importa es la adicción al mito. ¿El mito? El occidentocentrismo. ¿Y el metabolismo? La química lingüística, maraña esotérica que divida, reduzca y oxide el menor indicio eurocéntrico.

La prueba está en el sociólogo marxista Boaventura de Souza Santos, *Descolonizar el saber, reinventar el poder* (2010):

> *Defiendo la idea que la epistemología occidental dominante es construida a partir de la dominación capitalista colonial y se asienta en lo que designo «pensamiento abismal» (...) No queda más remedio que descolonizar ese pensamiento. Para saber pensar hay que des-pensar.*

Emerge la lista de las prácticas de dominación: racismo, misoginismo, homofobia, sexismo, xenofobia, capacitismo, etc. ¿Y el enemigo? La jurista Frances Lee Ansley, blanca iluminada, lo define para la *Cornell Law Review* (1988):

> *Por «supremacía blanca» aludo no solo al racismo consciente de los grupos de odio de supremacistas blancos. Me refiero también a un sistema político, económico y cultural en el que los blancos controlan abrumadoramente el poder y los*

recursos materiales, las ideas conscientes e inconscientes de superioridad y derecho que se extienden a relaciones de dominación blanca.

«Afloja, Frances Lee» —hubiera dicho Sigmund Freud, descubridor del inconsciente.

En lo histórico

Recordemos que para el marxismo la historia es un largo proceso de luchas revolucionarias hasta conquistar el socialismo y después el comunismo. Igualmente, la gesta identitaria es un largo ascenso en la lucha de grupos discriminados hasta el presente. (Una vez más) La lucha contra la discriminación «sistémica» busca emanciparse de la maldad insufrible del pasado (que en este libro llamo «presentismo»).

El identitarianismo, lejos de promover una socialización real, ha impuesto una amalgamación retrógrada entre el «cuerpo» y el «yo». No importa, no hay «yo» que pueda ser reducido a un cuerpo.

La adopción del identitarianismo por occidente va trayendo secuelas destructivas. El suicidio acrece en la mente de la juventud neurasténica y quejumbrosa. ¡Y qué ganas de suicidarse tiene occidente!

Aquí la conclusión del pensador liberal francés Pascal Bruckner:

El resultado de la política identitaria en Estados Unidos y en Europa ha sido desastroso. El identitarianismo ha barrido con la meritocracia, ha hecho del hombre blanco el chivo expiatorio por excelencia y ha reemplazado un racismo por otro. La sociedad se fragmenta, se tribaliza y terminamos en una guerra sin sentido de todos contra todos.

¿Será la guerra de «todos contra todos» la fórmula mágica marxista, que derribe de una vez por todas el occidentocentrismo?

LAS FALACIAS DEL CATASTROFISMO CLIMÁTICO

En lo que sigue trato de esclarecer los siguientes puntos:

1. El calentamiento global es cierto. El clima por definición es inestable con oscilaciones glaciales e interglaciares.
2. No existe una temperatura global y el papel del CO_2 en la regulación de la temperatura atmosférica es exagerado.
3. Los modelos climáticos actuales son simplificaciones excesivas de un sistema caótico, que no reducirán la complejidad del sistema.
4. La sustitución gradual de los combustibles fósiles está por venir, pero dicha sustitución deberá ocurrir dentro del balance desarrollo/bienestar humano que coadyuve la resiliencia climática.
5. Las energías solar y eólica no son en lo más mínimo suficientes para proporcionar el desarrollo del bienestar humano. Además, que conllevan serios daños ecológicos.
6. El catastrofismo ha provocado un deterioro significativo de la salud mental de niños y jóvenes.
7. La reducción del acceso a los combustibles fósiles para los países en desarrollo aumenta la pobreza y el sufrimiento de miles de millones de personas.

En los últimos 10 años el tema del calentamiento climático ha cambiado radicalmente. Se cuenta que el activismo internacional estaba muy frustrado con los resultados del Acuerdo de

París de 2016 y buscó reorientar la estrategia, con la venia de la ONU. Los políticos se sumaron enseguida cuando la catástrofe se vendió como una manera de salvar el planeta.

Hoy por hoy, la tesis es defendida por todos los gobiernos de occidente. Todos hablan de la catástrofe: la temperatura planetaria está a punto de subir ¡3 ºC!

¿Y ese salto de calor de dónde sale?

Se dice que son modelos científicos basados en algoritmos, procesados por supercomputadoras, instaurados por datos suministrados por científicos, obtenidos a su vez de modelos hipotéticos. ¿Notan la redundancia?

Ha nacido una nueva disciplina que da por cierta las conjeturas de modelos científicos probables. La llamo *hipotetología*.

Se proclama que la subida —hipotética— de 3 ºC. «está a punto». No es ahora mismo, sino pronto. ¿Cuán pronto? Es un problema delicado, dicen, «puntos de inflexión» antes de la catástrofe. Pero si el pronóstico ocurriese, estaríamos ya en medio de la catástrofe. ¿Estamos? Pocas veces en la historia de la ciencia se ha visto algo así, donde el resultado del pronóstico pende sin fin.

La estrategia catastrofista es estirar el tiempo posponiendo el resultado (de 30-100 años), manteniendo al público adicto en vilo. El bombardeo de la prensa es tan brutal que aparece el síndrome de la «ecoansiedad», manifiesta particularmente en los niños y la generación posmilénica. ¿Niños traumados? La causa lo justifica. Los niños son la esperanza del catastrofismo. La meta (casi) lograda es crear un «ejército de Gretas».

Comencemos con una perogrullada: decir clima es decir cambio, es decir, calentamiento —y también enfriamiento. Segundo punto y más modesto: sí, la temperatura ha subido un tin (1 ºC.) desde 1880, lo que no tiene por qué acabar con el mundo.

El catastrofismo funciona gracias a una estribación de falacias e infoxicaciones que lo sustentan. A continuación analizamos algunas.

La falacia de la anulación de los picos más calientes

Anulación implica supresión de la información. En la historia del clima hay tres picos de temperaturas más calientes que la de hoy en el siglo XXI: El calor minoico (1600 a.C.), el calor romano (371 a.C.) y el calor medieval (950 d.C.). El minoico supera nuestra temperatura actual por 4 ºC., el romano por 2 ºC. y el medieval por 1 ºC. Pese a aquellos calores tremendos la historia de la humanidad siguió su curso.

En *La historia del clima de la tierra* (2010), Antón Uriarte describe el calor medieval:

> *El clima en Europa en el Período Cálido Medieval, entre el año 700 y el 1300, fue más cálido que el actual. El apogeo del período debió alcanzarse hacia el año 1100. Fue una época de clima tan suave que el cultivo de la vid se extendió por el sur de Inglaterra. Creen los historiadores medievales que entre el año 1000 y el 1300 la población de Europa se multiplicó por tres o cuatro. Coincidió probablemente con un clima óptimo que favoreció la actividad agrícola.*

Un calentamiento no tan malo, ¿eh?

La falacia de trastocar el tiempo atmosférico con el clima

Un punto martillado incesantemente por los catastrofistas es la equivocación —no se equivocan, es adrede— entre el tiempo atmosférico y el clima. El tiempo atmosférico representa una instancia específica (de días o semanas) del clima, es decir, es lo que se percibe en tiempo real.

Tiempo atmosférico es hoy, abril 16 de 2023, en Miami, con 74 ºF. de temperatura, humedad de 59 por ciento, 30 por ciento de probabilidad de lluvia, y presión barométrica promedio de 30,03 inHG.

El clima por otra parte, es un *promedio* de instancias de tiempos atmosféricos extendidos por un período de aproximadamente tres décadas. A diferencia del tiempo atmosférico, el clima no se percibe. Un promedio no es un hecho específico, por ejemplo, ninguna pareja en EE. UU. tiene 1.8 hijos.

¿Por qué la prensa mezcla indiscriminadamente tiempo atmosférico y clima?

Es mucho más fácil convencer a la gente con noticias pavorosas: una temperatura muy alta en Europa oriental en el verano, un incendio forestal en California con cientos de desplazados, el aumento de la sequía en África oriental, el desbordamiento del Yangtsé en China, una inundación en Bangladesh, un huracán «categoría 5» en el Mar Caribe. ¡Ni uno de estos ejemplos refleja el clima!

Y resulta que cuando vamos a la historia de cada uno de estos fenómenos encontramos que ni hay más incendios, ni más huracanes, ni más sequías, ni más inundaciones que antes. Esta es una de las grandes mentiras del catastrofismo. Realmente hay menos muertes por desastres climáticos; lo llamamos resiliencia climática: efecto positivo de la explotación y el desarrollo de combustibles fósiles en la modernidad.

La catástrofe es un mejunje inventado de clima y tiempo atmosférico a la vez.

La falacia de la proporcionalidad entre el aumento del CO_2 y el aumento de muertes por desastres climáticos

Ni los voceros de la ONU, ni la prensa, ni los políticos catastrofistas mencionan jamás que a pesar del calentamiento durante el siglo xx y xxi, el impacto negativo del clima sobre la humanidad ha disminuido en lugar de aumentar.

Durante la década del 20 del siglo xx, 1.77 millones de personas murieron a consecuencia de desastres climáticos. En la década del 20 del siglo xxi, el promedio de víctimas por año ha sido 18.000. Hoy, la probabilidad de morir a consecuencia del impacto climático es de 1 en 3 millones, mientras que la posibilidad de morir en un accidente automovilístico es de 155 en 1 millón.

La cantaleta catastrofista nos asegura que el aumento de CO_2 es nefasto para la vida humana en el planeta. Pero las estadísticas de los últimos 200 años sugieren lo contrario.

¿Cómo conciliar el asunto?

La falacia de los pronósticos fallidos

Toda teoría científica debe demostrar un índice de confiabilidad, que no es más que la facultad de pronosticar con éxito.

Con el catastrofismo sucede lo contrario. A continuación presentamos una corta lista (algo cómica) de pronósticos climáticos erróneos:

1. La hambruna planetaria de 1975, proclamada por el biólogo Paul Ehrlich en el *Salt Lake Tribune* (noviembre, 1967). «La hambruna está por llegar y será un calamidad para 1975». La propia (fuente catastrofista) *Wikipedia* nos advierte de Ehrlich:

     (…) *biólogo estadounidense conocido por sus predicciones y advertencias pesimistas y tremendamente inexactas sobre las consecuencias del crecimiento de la población y los recursos limitados.* (Risas)

2. El aumento de temperatura para los años 90 del siglo xx de Dr. James Hensen. En 1986 el profesor de ciencias climáticas de la Universidad de Columbia predijo que debido al efecto invernadero la temperatura promedio del planeta subiría de 2-4 °C. «en la próxima década».

3. El reporte de 1989 de la *Associated Press* en coordinación con la oficina del Director de la ONU para el Medio Ambiente, Noel Brown, estimaba que «naciones enteras pueden ser borradas de la tierra debido al aumento del nivel del mar, a no ser que el calentamiento global sea disminuido para el año 2000». Se publicó *verbatim*:

   > (…) *el pronóstico científico más conservador estima que la temperatura promedio del planeta aumentará entre 1° y 7° F. en los próximos 30 años.* (Cuánta certidumbre fallida.)

4. El pronóstico de 1988 de Hussein Shihab, entonces Director de Asuntos Ambientales de Islas Maldivas, sobre la «desaparición de Maldivas como resultado del aumento del nivel del mar en los próximos 20-40 años». Dato reciente: En 2020 el gobierno de las Maldivas construyó cuatro aeropuertos nuevos, para un total de catorce, dos de ellos internacionales.

   (Siguen ahí sin hundirse.)

5. En diciembre, 2008, como parte de la conferencia COP15, difundido por WUMT de la TV alemana, Al Gore anunciaba: «(…) la capa entera del polo norte desaparecerá en cinco años».

   (Otro anuncio goreísta imperfecto)

6. En 2009, el entonces príncipe Carlos de Inglaterra (conocido catastrofista) proclamó para el periódico *The Independent*: «Quedan tan solo 96 meses para salvar el planeta».

   (Afloja, Carlos III.)

7. En diciembre, 2013 el periódico inglés *The Guardian* publicaba el pronóstico de un tal Dr. Peter Wadhams (en un ensayo para la revista *Nature*):

   > *Dadas las tendencias actuales en cuanto a extensión y espesor, podemos vaticinar que el hielo del polo norte desaparecerá en muy poco tiempo, tal vez para 2015.*

El mismo periódico publicaba en julio una investigación del Departamento de oceanografía de Estados Unidos previendo «veranos sin hielo para 2016».

Es un breve muestrario. Ninguna de estas predicciones se ha cumplido.

La falacia del 97 por ciento

Los catastrofistas se valen de una cifra mágica e incontestable: ¡El 97 por ciento! La cifra indica el supuesto consenso científico sobre el catastrofismo.

Tal consenso nunca ha sido demostrado. Hay consensos producto de la coerción, incluso del soborno. La propaganda y el pánico apocalíptico representa más ganancia para la prensa; más inversiones en proyectos verdes «sostenibles» que terminan en despilfarro de riquezas; más dinero para la burocracia de la ONU; más poder a los gobiernos de occidente para el «Great Reset» (tesis defendida por el globalista en jefe, Klaus Schwab, fundador del Foro Económico Mundial).

No olvidemos que cada revolución científica ha tenido que ir *contra* el consenso anterior de su época. La revolución copernicana se impuso a la teoría ptolemaica, la mecánica newtoniana a la aristotélica, la selección natural de Darwin a la teoría de Lamarck, la teoría de Pasteur a la de Béchamp y Galeno, la mecánica cuántica a la mecánica clásica; por último, la teoría de la relatividad remplazó la cosmovisión newtoniana.

Asumir el consenso del 97 por ciento como un verdad garantizada es, bueno, un sofisma.

La falacia del «cero neto»

La concentración de CO_2 en la atmósfera aumenta aproximadamente la mitad de la cantidad emitida el año anterior. Si hoy tenemos 415ppm (partes por millón) y emitimos 37 mil millones de toneladas de CO_2 la concentración aumentará aproximadamente 2ppm.

Pero la concentración de dióxido de carbono no desaparecerá porque dejemos de emitir el gas, sino que se acumulará en la atmósfera por siglos para luego ser absorbida lentamente por la vida vegetal y los océanos.

Aquí llega la idea del «cero neto» en 2050 defendida por todos los gobiernos occidentales, lo que representaría el balance ideal entre nuevas emisiones y el aumento de concentración total de CO_2 en la atmósfera. Pero el «cero neto» enfrenta tres conflictos irreconciliables:

1º La demanda de energía sigue aumentando. Y no es tanto en los países desarrollados como los subdesarrollados. Se proyecta que China e India consumirán el 31 por ciento de la energía mundial en 2035 (comparado con un 21 por ciento en 2008). Para 2035, el consumo de energía proyectado de China será un 68 por ciento más alto que el consumo de energía de EE. UU.

2º En 2023, la energía proveída por combustibles fósiles representa un 85 por ciento de la energía global.

3º De acuerdo a la Agencia Internacional de Energía alrededor de 800 millones de personas en países en vías de desarrollo aún no tienen acceso a la electricidad.

Estos tres aspectos están en pugna. Y si bien es cierto que el «cero neto» es una meta loable, el asunto está en que no tiene sentido sumir al planeta en una crisis mucho peor que la que anuncian los catastrofistas. Subida en espiral del precio de la energía, conflictos sociales, guerra y hambruna generalizada.

La crisis energética que vive Europa como consecuencia de la guerra de Ucrania demuestra que no tiene sentido estar «en contra» de la producción de combustibles fósiles, cuando dicha materia prima provee una fuente de energía fundamental para la humanidad. Ninguna otra alternativa —a no ser la vilipendiada energía nuclear— demuestra tal disponibilidad, efectividad y versatilidad.

¿Cómo imaginar el desarrollo pujante de la modernidad y el aumento del estándar de vida durante los últimos 200 años sin la explotación y producción de la industria del petróleo, el carbón y el gas natural?

Precisamente, es el desarrollo tecnológico de la producción de los combustibles fósiles, lo que ha proporcionado la resiliencia necesaria para mitigar el embate negativo de los efectos del clima.

La falacia de la pista falsa (¡a desmantelar el capitalismo!)

Hay un aspecto no climático, sino político del catastrofismo que se diluye en la fantasía mediática. La industria del pánico, manera efectiva de desviar el verdadero motivo detrás de la agenda catastrofista.

Recordemos que la guerra a muerte contra el dióxido de carbono comenzó con el Segundo Reporte de la IPCC en 1996. La avanzada funcionaba políticamente. Cerrar filas con el calentamiento era una manera de demostrar a los constituyentes que los gobiernos del mundo se preocupaban por la salud del planeta. La avanzada fue creciendo y los gobiernos invirtieron miles de miles de millones en «proyectos verdes».

En los 2000 la avanzada se consolidó. Aparece la energía «renovable», la solar, la eólica y la llamada biomasa (que es la tala indiscriminada de árboles con maquinarias consumidoras de petróleo, y salta la contradicción). Todas prometiendo villas y castillas. En 2021 la avanzada climática tropezó con el documental *The Planet of the Humans* (2019), crítica devastadora contra los «renovables», producido por el conocido documentalista y activista de izquierda Michael Moore.

Desde 2021 al presente, en Estados Unidos se ha vivido una guerra declarada contra los combustibles fósiles, desde la suspensión del oleoducto Keystone entre Estados Unidos y Canadá por el presidente Joe Biden, así como la imposición de regulaciones onerosas con el fin de restringir casi todos los aspectos de la industria petrolera: financiamiento, inversión del sector privado, exploración, producción, construcción y operación de oleoductos.

Si de acuerdo al catastrofismo, el enemigo común de la humanidad es el CO_2, vale preguntarse por qué ningún catastrofista menciona jamás la energía nuclear, hasta ahora la forma de energía más limpia y segura que se conoce.

Nadie sabe cómo responder a esta pregunta, a no ser que el asunto sea, por el contrario, prolongar y metastasizar la crisis.

La revista *Diamondback* presenta el asunto sin ambages en su número de octubre, 2018:

> *No se trata ya de que el capitalismo es incapaz de mitigar el cambio climático. No, el capitalismo es la causa misma del cambio climático. Hay que atreverse a decirlo claramente. Preguntarnos cuál debería ser la alternativa al capitalismo y qué podría suceder si no hacemos el cambio.*

¿La solución?

El exjefe de personal de la congresista estadounidense Alexandria Ocasio-Cortez, Saikat Chakrabarti, indicaba en una entrevista para el *Washington Post* (julio, 2019), que el Green New Deal no es realmente un proyecto climático:

> *Lo interesante del Green New Deal es que no fue originalmente un proyecto climático en lo absoluto.*

¿Ustedes pensaban que se trataba de una cuestión climática? El verdadero motivo para nosotros era cómo cambiar la economía entera.

Greta Thunberg, figura prominente del catastrofismo lo detalla en la revista *Project Syndicate* (noviembre, 2019):

La crisis climática no se trata solo del medio ambiente. Es una crisis de derechos humanos, de justicia y de voluntad política. Los sistemas de opresión coloniales, racistas y patriarcales lo han creado y alimentado. Tendremos que desmantelarlos a todos.

La posibilidad de un orden global burocrático de corte socialista/comunista en los países desarrollados ya queda planteada (copia al carbón del «Great Reset» de Klaus Schwab).

El catastrofismo climático es el medio idóneo para ese fin.

Y el que no lo vea es porque no quiere.

SER INTOLERANTE PUEDE SER INTOLERABLE

Según *diccionario.com*, el intolerante es «la persona que es parcial con su etnia, religión, raza o política, y se opone enérgicamente a esos que no están de acuerdo».

La definición admite sutilezas, ya que el problema radica en el modificador «enérgicamente». Ser parcial a mis creencias no me hace intolerante en lo absoluto.

Incluso ser parcial con mis creencias es redundante; claramente todos somos parciales con nuestras creencias, y tenerlas es perfectamente normal.

El asunto se torna risible. Visto así, si tenemos creencias contra el intolerante, por definición, eso nos hace precisamente… ¿¡intolerantes!?

LA TOLERANCIA Y LA LIBERTAD DE EXPRESIÓN

La conocida *American Civil Liberties Union* (ACLU) acaba de cometer liberticidio, adoptando la política del *hate speech* («discurso de odio») enarbolado por las hordas «progres» en Estados Unidos.

Lean el siguiente párrafo, parte de las nuevas pautas de la organización:

> *La ACLU se compromete a defender los derechos de expresión sin importar si las opiniones expresadas se opongan a los valores, prioridades y objetivos fundamentales de la organización. A la vez negamos la libertad de expresión en la medida en que el discurso ayude a promover objetivos de supremacistas blancos u otras personas cuyas opiniones son contrarias a nuestros valores.*

No olvidemos que en 1969 la ACLU defendió el derecho del líder racista Clarence Brandeburg a pronunciar un discurso en un mitin del Ku Klux Klan y ganar un pleito contra el estado de Ohio. Hoy sería imposible algo así. Ahora son más importantes la diversidad y la equidad.

¿Qué es diversidad? Se explica como la circunstancia en la que concurren varias cosas distintas. Está claro que dentro de la diversidad deben existir necesariamente puntos de vista opuestos. ¿Y qué es equidad? Se dice de la cualidad de ser justo e imparcial.

No parece que la diversidad y la equidad sean enemigas de la libertad. Pero las definiciones anteriores se hacen posteriores.

La *Wikipedia* de hace cinco años no se conoce en la *Wikipedia* de hoy. Con más razón para defender la Primera Enmienda.

Sucede que hay un creciente llamado a la censura para proteger una nueva idea que está de moda: la inclusión.

Aquí va una definición:

> *La inclusión es la acción o el estado de incluir o ser incluido dentro de un grupo o estructura. Más que simplemente diversidad y representación numérica, la inclusión implica una participación auténtica y empoderada y un verdadero sentido de pertenencia.*

¿Cómo viene amarrada la susodicha inclusión? Con «participación auténtica y empoderada» y «verdadero sentido de pertenencia».

¿Qué es empoderamiento?

¿Recuerdan la idea del «Poder Popular» castrista? Es la manera de constituir el poder revolucionario. Castro lo resuelve así: *Tomar el poder revolucionario es comenzar la Revolución.*

Una forma inclusiva de ciberempoderamiento es la llamada «cultura de la cancelación».

Dígase claro. Hoy en día, la libertad de expresión es tediosa, ofensiva, hasta degradante. Los ofendidos hacen hordas —y para colmo ofenden de vuelta. Amada libertad, ¡cuántos en tu contra!

De James Madison aprendimos que las libertades de la Primera Enmienda nos dan el derecho a pensar y decir lo que queramos. Que debemos disfrutar estos derechos «incluso si estos fueran abusados por una minoría».

Aquí cabe el cuento antiguo de los loros mencionado por el confucianista Xun Zi. Dos loros, uno blanco y uno verde, comparten una gran jaula en el palacio del regente de provincias. Ambos han sido entrenados por expertos a discutir combinando largas frases con el propósito de maravillar a los invitados de ocasión.

El loro blanco es locuaz y puede fingir diferentes timbres de voces, menear el talle y batir las alas sugestivamente. El loro verde, aunque menos teatral, es capaz de conectar las frases aprendidas de manera tan original e inesperada que tal pareciera que posee una mente humana. En la circunstancia de la visita de un oficial de la capital, la pareja de loros es presentada con bombo y platillos.

Primero le toca al loro blanco, que se acerca al loro verde y le espeta: «Loro ruidoso, loro perezoso, loro pendenciero, eres mal educado. Sigues comiéndote mis nueces y tirando las cáscaras en mi cama». El público aplaude. «No te estás tranquilo. En dos ocasiones has despertado a nuestro amo Jian en medio de la noche. ¿Qué te has creído loro travieso?». Los invitados ríen ante la ocurrencia y el loro verde observa impávido. «Responde, responde» —repite el loro blanco. «No te hagas el bobo».

Saliendo de su mutismo, el loro verde rebate: «Me pides que responda, pero antes no podía hablar encima de ti. Te escuché con atención y aguanté tus regaños pues era tu turno. Ahora me toca a mí hablar y debes escucharme con la misma atención. No me porto mal, solo que como vivo contigo, he decidido darte razones para que te creas mejor que yo. ¿No te das cuenta?».

Dicho esto, el loro verde agitó sus alas y le dio la espalda al loro blanco, en medio de los aplausos y vítores de la audiencia.

La moraleja de este cuento propone el difícil equilibrio de la tolerancia. El loro verde soportó la andanada del loro blanco y se ganó su derecho a la réplica. La tolerancia consiste en la propiedad recíproca de expresarse y que se respete, gústenos o no.

Dos pensadores importantes del discurso de la tolerancia, Locke y Voltaire, despuntan con el argumento de la libertad de expresión moderna.

Locke compone su *Carta sobre la tolerancia* (1667), en medio de las guerras religiosas en la Europa del siglo XVII:

Ninguna persona tiene derecho alguno a perjudicar a otra persona (...) solo porque esa persona profese otra religión o forma de culto. Todos los derechos que le pertenecen como hombre o como ciudadano deben serle preservados inviolablemente.

Voltaire, en *Tratado sobre la tolerancia* (1763), escribe una súplica a Dios:

Ayúdanos a soportar las pequeñas diferencias entre los vestidos que cubren nuestros débiles cuerpos, nuestras costumbres ridículas, nuestras leyes imperfectas, nuestras opiniones insensatas. ¡Concédenos que podamos ayudarnos a soportar el peso de esta vida dolorosa y transitoria!

Frente a la inclusión empoderada de hoy, ¡me quedo con el loro verde!

NO HAY PRESENTE POSIBLE
SIN LA HERENCIA DEL PASADO

El tiempo no admite en su dimensión más que su movimiento, que es siempre el mismo. El tiempo no se apura. Aquiles solo corre más velozmente que la tortuga en el espacio. La deja atrás, sí, pero no en el tiempo. Es su deseo de llegar lo que va más aprisa que la tortuga.

Cada acontecimiento se está quieto en su tiempo. Es día en una cara de la tierra, cuando es noche en la otra. El tiempo ni se adelanta ni se retarda por la prisa o la lentitud del deseo humano. Nadie puede retrotraer lo que quedó atrás ni traer al presente lo que no es aún. En ese flujo del tiempo está el presente. Por un lado, está su pasado anterior, al otro, el porvenir.

Las cosas pasan y se adentran en el umbral del pasado. Allí se acumulan, se hacen la historia que somos. Hay lagunas insondables. Hay mucho más en la prehistoria que en la historia. Prehistoria es *antes de,* que es historia-en-olvido. Tres millones de años de la historia del *Homo erectus* y 125.000 años de nuestra especie *Sapiens* perdidos en la nada.

¿Qué vivieron mis descendientes homínidos en ese árido e interminable olvido?

Desde el atomista Leucipo se conoce que debe caminarse lentamente el amplio camino del tiempo. Se llama *duración* ese encadenamiento de un episodio con otro, de una época con otra. Ningún instante sale de la nada. Se necesita una causa suficiente que lo engendre.

Lo que somos hoy está encadenado con lo que fuimos ayer. Llamamos «irrevocabilidad» a ese encadenamiento del pasado con el presente. El pasado tiene que haber sido solo uno: lo que Fue.

Es una consecuencia natural de la vida que no se advierta ni el pasado ni el futuro. El presente se impone con fuerza lúdica, ahí, fijo e inamovible.

Todo es un ahora

Aunque fui niño, el peso de la vida me hace olvidarlo. Pocas son las veces que me veo en el regazo de mi madre llorando de miedo en la oscuridad de la noche. Solo se cuestiona el presente cuando resbala uno sobre sí mismo.

¡Ay del padre que no recuerde que fue hijo una vez!

El presentista busca emanciparse de la maldad insufrible que mora en el pasado y lo acosa. Sí, hubo maldad, y también de seguro la habrá en el futuro.

No le basta al presentista que cada tiempo trae su propia tribulación, que cada cual carga con la culpa de su tiempo. La solución es borrar la cadena causal que lo trae de cara al pasado que odia. Esa nacionalización forzosa no hace más que meter al presente en un saco roto. Todo devenir se hace humo en lo próximo. Todo cambiando siempre en lo mismo.

El prurito de pureza cae en la trampa de su propio privilegio. ¿Cómo no ver que mi rechazo a la esclavitud en el pasado tiene un reverso clandestino? De haber nacido en otra circunstancia, ¿no pude haber yo tenido esclavos?

Comprendo a Séneca quien, criticando a sus amigos patricios esclavistas, ignoraba que él mismo lo era. ¿Y qué patricio romano no fue esclavista?

Baltasar Gracián nos avisa desde el pasado: «La virtud de hoy es el vicio del mañana».

LA HISTORIA VALENTO

La historia transcurre

                  valento

no
nada lento
              va   (es un decir)
el tiempo transcurre

tan simple como la memoria que recuerda

memoria
        es historia
una vez memoria
el tiempo se desvanece

                          en la oquedad
del ser
                          ser es tiempo en el ser
pierde su orden antes y después

(¿hay contradicción en ver la película al revés?)

No
El tiempo no va

                    ¡va!
                              ¡ya!
nilento
nirápido
                              ¿Es la historia tiempo?

no
solo
memoria

CASTRISMO NUESTRO DE CADA DÍA

MISERIA Y PODER EN CUBA

Nuestra historia comienza en 1958, último año de la República. Año en que Cuba ocupaba, con respecto al resto de la América Latina:

- 5to lugar en ingresos per cápita,
- 8vo lugar en salario industrial más alto,
- 3er lugar en expectativa de vida y el 1ro en tasa de mortalidad más baja,
- 3er lugar en número de médicos per cápita,
- 4to lugar en propiedad de teléfonos per cápita,
- 1er lugar en número de televisores per cápita,
- 3er lugar en número de automóviles per cápita,
- 1er lugar en educación (en relación a su PIB),
- 4to lugar en la tasa de alfabetización,
- 1er lugar en consumo de carnes, frutas y verduras per cápita,
- 2do lugar en medios de comunicaciones con 58 periódicos y 126 revistas semanales.

Cuba tenía 13 universidades, 21 institutos de segunda enseñanza, 19 escuelas normales para maestros, 22 escuelas técnicas industriales y 6 escuelas de periodismo y publicidad.

Con un PIB de casi 3.000 millones de pesos, el peso cubano se canjeaba a la par del dólar. El índice de desempleo del 10 por ciento bajo Batista (en parte producto de un crecimiento de la población en un 2,5 por ciento desde 1953) continuaba siendo un problema persistente y difícil de resolver.

Hasta hoy, estas estadísticas son irrebatibles. Lo que no se dice es que este resultado corresponde a una revolución económica de solo seis años, dirigida por Fulgencio Batista y planeada por los mejores economistas de Cuba: Gustavo Gutiérrez (presidente del BNC), Carlos DuQuesne y de Zaldo (vicepresidente de BANFAIC), Eugenio Castillo Borges (ex presidente del BNC), Felipe Pazos y Justo Carillo Hernández, entre otros.

Resumo esta revolución en cinco puntos:

1. Apertura de la isla a la inversión extranjera y el comercio internacional.
2. Creación de un ambicioso programa de estímulo para el desarrollo industrial del país (de ahí sale la generación empresarial cubana de los años 60, que terminará en el exilio en Puerto Rico, Venezuela y Estados Unidos).
3. Auge de la infraestructura urbanística vehicular (Túnel de La Habana, Vía Blanca, Carretera Panamericana, Malecón de La Habana, ampliación de la Quinta Avenida, etc.), de obras públicas (Monumento a José Martí, Plaza Cívica, los edificios Tribunal de Cuentas, Ministerio de Comunicaciones; se finalizan la Biblioteca Nacional, El Palacio de Bellas Artes y El Cristo de la Bahía de La Habana; la modernización del Aeropuerto de Rancho Boyeros) y la construcción de repartos para la clase media (La Habana del Este, Santa María del Mar, Mégano, Tarará, Celimar, Alamar, El Olimpo, etc.).
4. Inversión millonaria en la infraestructura turística (Hotel Capri, Hotel Riviera, Hotel Habana Hilton, Hotel Copacabana, Hotel Flamingo, Hotel Comodoro, Barlovento, etc.).
5. Política crediticia de bajo interés y largo plazo dirigida a actividades agrícolas e industriales no tradicionales, con

el objetivo de promover una nueva economía diversificada (de ahí salen entidades bancarias como el BANFAIC y BANDES, etc.).

Entonces ocurre algo insólito: la revolución económica de Batista es secuestrada por la Revolución ideológica castrista, y esta última hunde al país, por más de 60 años, en una miseria inexplicable. No hablamos de una desgracia causada por epidemias, como la gran hambruna de Irlanda en el siglo XIX; o por la guerra civil en la España posrepublicana; o por una crisis medioambiental, como en Etiopía en los años 80.

La miseria de Cuba es una miseria auto fabricada y autoimpuesta por el pueblo y LA VOZ. Pierre Joseph Proudhon definía la miseria como «insuficiencia del producto del trabajo».

Karl Marx, a contrapunto, define una segunda miseria, la «plusvalía», que es el usufructo del trabajo que el capitalista le roba al obrero. El castrismo, tomando prestado de Lenin, restringe el salario del trabajo a una escala de miseria, para luego imponer una nueva forma de trabajo —no remunerado— que llamará «trabajo voluntario».

El trabajo voluntario sustituirá la «explotación» capitalista por la miseria castrista (que es miseria al cuadrado), y la explotación del hombre por el hombre por la explotación del hombre por el *hambre* (que es explotación al cuadrado).

La carrera desquiciada en pos de la miseria

El golpe del 10 de marzo de Batista abrió una herida simbólica muy profunda que debía ser sanada. La interrupción de la vía democrática era repudiada por un número considerable de la población. Acaso por eso, en enero de 1959, el pueblo cubano se enamora locamente de LA VOZ y sus demagógicos cantos de sirena. Entre 1959-1968, el pueblo se auto induce una am-

nesia que niega por completo los logros anteriores durante la
República.

¿Pero cómo evaluar el presente si no existe una manera de
compararlo con el pasado?

Aquí traemos al sicólogo de las masas, Gustave Le Bon, para
quien el individuo y la masa son opuestos en constante tensión.
Si bien el individuo goza de autonomía fuera de la masa, una
vez en ella, dicha autonomía desaparece.

Apunta Le Bon en *La sicología de las masas* (1922): «Ser masa
es estar a merced de causas estimulantes exteriores tan imperiosas
que aniquilan el libre albedrío».

En la masa, el individuo renuncia a su autonomía:

> *(…) habiendo perdido su personalidad consciente, el indi-
> viduo comete actos en manifiesta contradicción con su
> carácter y hábitos. Sumido así en la masa se encuentra en
> un estado de fascinación (…) hipnotizado en las manos de
> un hipnotizador.*

Le Bon señala el poder hipnotizador de LA VOZ:

> *La convicción de las masas toma la característica de ciega
> sumisión, feroz intolerancia y la necesidad de violenta
> propaganda, todas inherentes al sentimiento religioso, y
> es por esta razón que el héroe aclamado por una masa es
> verdaderamente dios para esa masa.*

Téngase en cuenta, La Voz no es una persona específica, sino
un hecho fonocéntrico, heroico y bramante que emana de la
glotis del Máximo Líder.

Causa y efecto: La Voz clama y el pueblo delira. Solo en un año
LA VOZ entroniza un nuevo lenguaje revolucionario. Instantá-
neamente el pueblo renuncia a ver su tragedia en ciernes. Lejos

de tratarse de una imposición tiránica, la miseria que comienza es el resultado de un toma y daca funesto entre el pueblo y La Voz. Para los efectos de nuestra discusión, masa y pueblo son la misma cosa.

Resumamos los puntos de Le Bon:

Pueblo equivale a la «pérdida de la voluntad del individuo».

No existe La Voz sin el pueblo.

El pueblo busca y necesita ser sometido.

El pueblo es tan intolerante como La Voz.

El ejercicio preeminente de La Voz es afirmar, repetir y contagiar.

¿Qué le exige La Voz al pueblo delirante en esos días tempranos de 1959? Lealtad y sacrificio revolucionario. El pueblo aplaude y vitorea ese nuevo yugo. La Voz le sirve al pueblo la miseria en bandeja de plata. Bastan dos años para que el castrismo aniquile las fuentes de bienestar de la nación. El pueblo acepta y le permite al castrismo montar una «economía de guerra», que no es más que la guerra contra la economía.

Sin imperialismo no hay revolución

Toda revolución alberga enemigos, pero no es tan obvio que la Revolución castrista exigiera con tanta urgencia un enemigo perenne. Ya para septiembre de 1960 La Voz lo revela:

> *El enemigo imperialista es taimado, es artero, el enemigo imperialista es capaz de lo más inimaginable, desde el asesinato de dirigentes hasta invasiones militares (…) siempre buscando la mano asesina.*

Si el imperialismo (antítesis de la revolución hecha carne) desapareciera, el propósito de subsistir de la Revolución terminaría con aquél. Parece absurdo, pero notemos que la estrategia castrista es hacer a la Revolución dependiente del poder imperialista. En su discurso de enero de 1961 La Voz lo presenta sin ambages:

> *El combate es lo que hace fuerte a las revoluciones; las amenazas de invasión extranjera que ha sufrido nuestro país han hecho más fuerte a la Revolución. Las revoluciones necesitan luchar (…) ¡necesitan tener delante un enemigo! (aplausos).*

Lo que La Voz oculta es que esta perenne lucha de contrarios entre la Revolución (tesis) y el imperialismo (antítesis), tiene como síntesis la miseria. El pueblo acepta automáticamente que sin la lucha antimperialista la Revolución peligraría —y con ella La Voz, ronca de gritar sus magnas alocuciones—, su luenga barba negra, su boina verde olivo.

Cesaría el ritual semanal de plazas y masas, cesarían las concentraciones multitudinarias, y el delirio extático y sicalíptico con La Voz.

El enemigo interno y la culpa

El castrismo lanza un segundo enemigo el 2 de enero de 1961:

> *Los gusanos han llegado a creerse que algún día sus amos imperiales los pondrán aquí otra vez (…) los gusanos no pueden vivir sino de la pudrición (…) en el medio corrompido en que vivía nuestro pueblo antes ese día luminoso del 1ro de enero de 1959 (aplausos).*

Contra el dios Jano enemigo (uno externo y poderoso, otro interno y sometido), La Voz anuncia la represión que se avecina. El pueblo genuflexo le entrega todo el poder a La Voz, como si esa fuese la única opción posible.

La historia oculta de la Revolución es que el castrismo perduró aquellos años, exterminando a una generación de jóvenes, muchos de los cuales lucharon por esa misma Revolución. No lo imaginaban, o lo intuían, pero no podían creerlo.

La lista de fusilados del castrismo se estima en 5.775 personas, con 1.116 ejecutados extrajudicialmente. Súmele a lo anterior, la cifra de 60.000 presos políticos. Durante aquellos efervescentes años revolucionarios, el castrismo libraba una lucha campal y secreta.

En su ensayo *El problema económico del masoquismo* (1926), Sigmund Freud presenta el concepto de «masoquismo moral». El masoquismo en tanto que fase «enigmática» de la psiquis, revela «una conciencia de culpa como expresión de una tensión entre el ego y el superego».

Para los efectos de mi análisis, llevemos ese masoquismo de la psiquis a la sociedad. Sustituiremos el ego freudiano por el pueblo y el superego por LA VOZ. La conciencia de la culpa aparecerá en breve.

El raro fenómeno de la inmediata aceptación del castrismo se explicaría como un masoquismo generalizado, producto de la neurosis colectiva del pueblo frente a la represión de su historia.

La miseria es fundamental en este fenómeno, porque deviene la única opción posible de supervivencia frente al imperialismo. Ya lo dice LA VOZ:

Sin la lucha del imperialismo contra nuestra Revolución, nuestro país no tendría el menor problema, esta sería la tierra más feliz del mundo.

El pueblo acepta la miseria como castigo por su culpa histórica. ¿Cuál culpa? El proyecto fundacional e histórico de la república nació torcido. LA VOZ lo declara:

*De la colonia española pasamos a la intervención yanqui
y de la intervención yanqui a la república mediatizada, y
de la república mediatizada a la corrupción generalizada. Los partidos políticos tradicionales, bajo la tutela del
imperialismo yanqui, y con derecho institucionalizado a
intervenir, se dieron a la más ingloriosa tarea: destruir el
espíritu patriótico y revolucionario de nuestro pueblo.*

¿No atisba el pueblo que esa historia es intrínsecamente el
pueblo mismo? La culpa solo puede expiarse con el sacrificio
revolucionario. La Voz no cesa de repetirlo. Ser libres entraña
un sacrificio constante:

*¡Los sacrificios que se han hecho pertenecen a la patria y
pertenecen a la historia! Aquí lo que hay que hacer es trabajar
y cumplir con el deber mientras tengamos energías y mientras
tengamos vida (…) los sacrificios no han sido en vano, que nos
cabe la honra de hacer útil la sangre derramada, no solo por los
hombres de esta era, sino por las generaciones anteriores que
nunca vieron convertidos en realidad sus sueños (aplausos).*

Pero el sacrificio que La Voz le exige al pueblo ahora es tan
inesperado como demoledor.

Breve dietario de la miseria del castrismo

Desde los primeros meses de 1960 el castrismo instaura al pie
de la letra el *Manifiesto de la Miseria* de Marx y Engels.

Las leyes 890 y 891, del 13 de octubre de 1960, corresponden
al desmantelamiento de la propiedad privada en Cuba, medidas
sin parangón en la historia de la América Latina en el siglo xx. Se
nacionalizan 166 empresas norteamericanas y casi 200 compañías
cubanas en todos los renglones:

- centrales azucareros,
- muelles,
- almacenes,
- molinos,
- destilerías,
- minería,
- fábricas de productos químicos,
- cerveceras,
- textilerías,
- fábricas de jabón,
- bancos,
- cines,
- ferrocarriles,
- empresas de construcción,
- tiendas por departamentos,
- periódicos,
- estaciones de televisión y radio, etc.

Es un golpe demoledor contra las fuerzas productivas de la nación. ¿Cuál fue la reacción del pueblo durante esta jornada fatídica de 1960? Es duro decirlo: El contubernio.

El paredón y la ergástula quedaban para los gusanos.

La ofensiva revolucionaria de 1968

La segunda etapa —más absurda y difícil de sostener ideológicamente— corresponde a la llamada «ofensiva revolucionaria», donde se intervienen más de 55.636 pequeños negocios, equivalentes al 33 por ciento de la economía del país. La Voz los llamaba despectivamente «timbiriches»:

- la bodega de la cuadra,
- la ferretería,

- la fritera de esquina,
- el puestecito de ostiones de la parada de guaguas,
- el pastelero con su caja al hombro gritando «pastelito de guayaba»,
- el zapatero,
- el limpiabotas.

¿Qué explica esa política autodestructiva del castrismo?

Evidentemente, los pequeños negocios lejos de constituir un peligro para la Revolución mantenían a flote la descalabrada e ineficiente economía socialista. La máquina ideológica había tomado por asalto lo poco que quedaba de una economía en crisis.

La Voz, con toda naturalidad, lanza ideas espurias:

> *Si se admite que el hombre es incorregible en su egoísmo individual, si se admite que el hombre es incapaz de desarrollar la conciencia, entonces los economistas tendrán razón: la Revolución irá al fracaso y se enfrentará a las leyes de la economía.*

Remachemos el absurdo: Con el egoísmo individual la Revolución fracasa. A lo que el pueblo, ya se sabe, responderá: ¡Jamás!

¿Hasta qué punto es racional seguir pidiéndole sacrificios al pueblo con una economía hecha pedazos? Como siempre, La Voz recurre a su único aliado: la culpa.

No pasemos por alto que la ofensiva revolucionaria de 1968 constituye el proceso más brutal de purificación ideológica de la historia del castrismo.

Lo que sucede es que, para entonces, a nueve años del triunfo, el castrismo ha chocado cara a cara con el incorregible problema del enriquecimiento del individuo. La Revolución castrista autoproclamada hija del «marxismo-leninismo», no podía traicionar al abuelo Marx en su *Contribución a la crítica de la economía política*.

Visto así, el trabajo del hombre no deberá exceder jamás el usufructo necesario para su mínima supervivencia. Más allá de esto, el trabajo definido como tal, desaparece y surge su clon perverso: el enriquecimiento. Y todo enriquecimiento es «ilícito», pues resulta invariablemente la forma de explotación del trabajo del otro (la plusvalía marxista).

A partir de ahora nadie que «trabaje» podrá enriquecerse (a no ser que robe). La Voz procede a explicarlo en un fragmento patético que merece ser citado en su totalidad:

> *Desde que con la ofensiva revolucionaria hasta los timbiriches más pequeños desaparecieron y se acabaron los negocios particulares, ya el dinero no se puede utilizar como medio de enriquecimiento. Un individuo que ponía un timbiriche compraba veinte pesos de pan y de otras cosas en las tiendas o en bolsa negra y vendía cincuenta, sesenta o setenta pesos de mercancías. Cuando la Revolución suprimió los negocios privados dio un extraordinario paso de avance. Ya no hay nadie en nuestro país que se pueda ganar 100 pesos en un día. Es decir, ya no hay nadie que pueda ganar 30 veces lo que gana un obrero trabajando duramente. No hay nadie que sin sudar la camisa pueda ganar 30 veces más que el que suda la camisa.*

La ofensiva revolucionaria conlleva dos partes: La «ruralización» de La Habana y más tarde la «Ley contra la vagancia».

El castigo castrista contra La Habana fue abandonarla. No se trata de un accidente: es un designio. Sin mantenimiento urbanístico alguno, la capital se va derrumbando poco a poco, hasta llegar al estado de ruina actual.

La Voz es franca en su desprecio por La Habana:

> *La población de la Ciudad de La Habana se redimirá de esa especie de colonización a la que tenía sometido al resto del*

país. Porque La Habana más que la capital de Cuba era la metrópoli de Cuba; y ahora La Habana podrá ser la capital, pero no la metrópoli, porque dejará ya de ser una carga.

La ruralización de la capital comienza con movilizaciones masivas de la fuerza laboral de las industrias hacia el campo, al llamado «Cordón de La Habana». La meta es convertir la ciudad en una especie de centro gigantesco de producción agrícola.

Decenas de miles de personas (incluyendo estudiantes menores de edad) son volcadas a las llamadas «tareas agrícolas» de siembra de café, recogida de viandas o limpieza de arbustos. Le sigue la Ley 1231, llamada «Ley contra la vagancia», el 15 de marzo de 1971 («Año de la Productividad»). Conlleva la reconcentración de 218.000 adultos para las tareas de producción de trabajo forzado.

Con una economía destruida por la intransigencia y la ineptitud, ¿no se hace claro que el trabajo forzado y el trabajo voluntario promulgados por el castrismo durante la ofensiva revolucionaria no eran formas de producción, sino mecanismos de coacción y control a gran escala?

El bloqueo como garantía de la Revolución

La Voz hizo responsable al bloqueo imperialista de todos los problemas y fracasos económicos del castrismo. Es la coartada perfecta. Lo que nunca dijo es que el bloqueo había sido inducido por el propio castrismo.

Inducir y declarar son dos caras de la misma moneda: una manifiesta, la otra ratifica. Al imperialismo le interesaba recuperar la riqueza incautada, al castrismo le interesaba instaurar la miseria permanente. Dígase claramente: el bloqueo es el salvavidas de la Revolución.

La Voz lo declara sin ambages:

Obsérvese esta aludida no capitulación propuesta por La Voz: renunciar nunca, ¿a qué?, ¿al socialismo o al bloqueo?

La miseria castrista es una variable tenaz y oculta, porque nace de un protocolo funesto entre La Voz y el pueblo. Dicho casi al compás de La Voz: Con un mínimo de riqueza, el castrismo desaparecería.

¿No lo vio venir acaso el pueblo?

Tan temprano como en febrero de 1959, en un país rico y aún capitalista, La Voz disputaba abiertamente el valor del dinero: «¿Para qué más dinero? Lo que tenemos es que tratar de que los que ganen mucho ganen menos y que todo el mundo gane más».

Mejor dicho en 1994, La Voz siempre aborreció el dinero:

Hemos estado viendo aquí el efecto del dinero, cómo el dinero le permite al hombre el acceso a la riqueza (…) desgraciadamente nosotros no podemos prescindir del dinero, pero algún día, si queremos llegar al comunismo, prescindiremos del dinero (aplausos).

En una Revolución construida bajo la premisa del trabajo asalariado, ¿ha habido alguna ventaja salarial bajo el castrismo que le permita al ciudadano vivir por encima del día a día? ¿Se menciona alguna vez la palabra «riqueza» fuera del impositivo revolucionario?

Dejemos que La Voz contextualice:

Tire a un lado el trabajo voluntario, tire a un lado la conciencia, trate de resolverlo todo con el dinero, y tendremos Miami, no La Habana; tendremos el capitalismo, no tendremos jamás el socialismo, y ni soñar siquiera en el comunismo.

¿Por qué es la miseria la razón de ser del castrismo? La pregunta pende del presente como un absurdo despiadado y a la vez necesario.

¿POR QUÉ EL PUEBLO CUBANO (AÚN) APOYA EL CASTRISMO?

Primer lema: Una época comienza cuando su símbolo está en auge y termina cuando su símbolo caduca.

J. G. Herder en su tratado *Ideas sobre la filosofía de la historia de la humanidad* (1784) indica: «Cada época responde a sus valores inmediatos». El castrismo subsiste por la perduración y legitimación de sus símbolos. Perdurar significa poseer reservas. Legitimación significa la justificación y aceptación del orden institucional castrista como imperativo práctico.

Segundo lema: Un símbolo se agota cuando carece de *momentum*.

El apogeo de un símbolo es siempre proporcional a su aceptación social. El novedoso análisis de Berger/ Luckmann ayuda a desentrañar el enigma de la supervivencia del castrismo. Otros modelos sociológicos de postguerra daban por sentado que la hegemonía y coerción castristas eran suficientes para mantener a la sociedad cubana subyugada por más de medio siglo. Rara hipótesis esperanzadora, pues demonizaba al enemigo imperialista a la vez que nos absolvía. Hoy no hay poder totalitario que pueda mantener una sociedad vacía de reservas, incapaz de negar ese poder. La pregunta que hay que hacerse es si existe esa reserva en Cuba.

Tercer lema: Las masas no apoyan a un líder sino al símbolo detrás del líder.

Todo líder presupone un símbolo. La persona es particularidad específica. El líder es la particularidad que encarna el símbolo.

Cuarto lema: La realidad castrista ha sido definida como lucha y síntesis.

Lucha, al anunciar el presente como conflicto permanente entre la Revolución y su enemigo sempiterno el imperialismo. Síntesis, al inaugurar la época castrista como conjunción histórica entre el Máximo Líder y su pueblo.

El símbolo imperialista irrumpe en septiembre de 1960 cuando La Voz declara: «El imperialismo yanqui no descansará en sus esfuerzos por tratar de destruir la Revolución. Ese imperialismo nos odia con el odio de los amos contra los esclavos que se rebelan».

La síntesis del pueblo y el Máximo Líder queda implícita por La Voz en su primer discurso en La Habana:

Después de todas las muestras de cariño que yo he recibido del pueblo, de toda esa manifestación apoteósica de hoy... ¡miedo da el no poder cumplir como uno tiene que cumplir con el pueblo!

Quinto lema: El castrismo existe antes del castrismo.

La matriz simbólica castrista, conjunto de significados objetivos y subjetivos, le debe al vocabulario precastrista martiano.

Es Martí quien legitima símbolos como el nacionalismo fundamentado en la troika unión/identidad/independencia; la revolución armada (en *Manifiesto de Montecristi*); el internacionalismo (en *Nuestra América*) y el antimperialismo (en *La verdad sobre los Estados Unidos*).

El castrismo fue aceptado automáticamente en 1959 porque ya existía. El castrismo subsistía como ADN del pensamiento y la acción política nacional, mucho antes del individuo que lleva ese nombre. Tanto Mella como Villena y Guiteras eran castristas.

Sexto lema: La realidad social cubana ha estado determinada por el apogeo o el cansancio de sus símbolos.

El símbolo pueblo gana *momentum* bien pronto en 1959. Pronuncia La Voz: «He aquí nuestra más firme columna, nuestra mejor tropa, la única que es capaz de ganar sola la guerra: ¡Esa tropa es el pueblo!».

Por el contrario, el símbolo de la democracia es subvertido por La Voz el primero de mayo de 1960.

> *Te inventaron una democracia extraña, una rara demo-cracia en que tú, que eras la mayoría, ni siquiera existías políticamente dentro de la sociedad. ¡Y a eso llamaban democracia!. (Exclamaciones prolongadas de: «¡Revolución, revolución!». «¿Elecciones para qué?» Y:*
> *«¡Ya votamos por Fidel, ya votamos por Fidel!»).*

Ambos ejemplos indican que La Voz cuenta con el poder de redefinir los símbolos. A partir de ahora «pueblo» y «democra-cia» son antagónicos.

Séptimo lema: La Voz es presencia infalible y eje axiológico del proceso revolucionario.

La Voz infalible decreta, juzga, condena y promulga. Sin La Voz no habría Revolución. La Voz existe para convencer al pueblo de que las miserias de la vida diaria son subordinadas a la conciencia revolucionaria (voz de esta).

Octavo lema: La conciencia revolucionaria justifica la realidad socialista.

La Voz define la conciencia revolucionaria en su discurso de 16 de julio de 1968:

> *La ciencia verdaderamente revolucionaria es la ciencia de la conciencia. En la misma medida en que la conciencia del pueblo se desarrolla, la marcha de la Revolución será más rápida y victoriosa.*

Noveno lema: El pueblo acepta la miseria como justa compensación de la realidad revolucionaria.

En su Segunda Declaración de La Habana, La Voz presenta la miseria como condición *sine qua non* del presente socialista:

> *El verdadero pueblo, el pueblo sufrido de siempre, ese pueblo cambia gustosamente lo que no tuvo nunca por que tendrá mañana, por lo que tendrá para siempre (aplausos).*

¿Qué tendrá para siempre el pueblo? La miseria. La riqueza brilla por su ausencia en la teleología martiano/castrista y deviene carta de triunfo del castrismo. La Voz lo proclama fervorosamente en un retruécano:

> *Nosotros no debemos traducir el dinero o la riqueza en conciencia. Nosotros debemos traducir la conciencia en riqueza.*

La clave de la perpetuación del castrismo consiste en que el pueblo acepte la miseria como expiación por el pasado republicano. Sin embargo, la miseria no puede perdurar a no ser por un pacto maquiavélico entre la Revolución y la miseria en que la riqueza devenga rehén del imperialismo. Ese pacto da a luz al bloqueo imperialista.

Décimo lema: La Revolución es la fundadora del bloqueo imperialista.

Siendo el imperialismo quien declara el bloqueo, ¿cómo puede ser este fundado por la Revolución? Fundar y declarar son dos caras de la misma moneda: uno presenta, la otra ratifica. Al imperialismo le interesa la riqueza incautada, a la Revolución le interesa la miseria permanente.

La Voz deja claro que renunciar al bloqueo significa capitular (cito otra vez):

Algunos pretenden que se quite el bloqueo a cambio de que capitulemos, a cambio de que renunciemos a nuestros principios políticos, de que renunciemos al socialismo y a nuestras formas democráticas (exclamaciones de: «¡No! ¡Nunca!»).

Si comulgar con la riqueza implica claudicar con el imperialismo, LA VOZ habrá fundado una nueva época. A partir de ahora el presente revolucionario prohíbe comulgar con la riqueza dejándola postergada al futuro imprevisible.

La guerra de la Revolución contra la riqueza erosionó el país y su potencial de cambio. En las cuatro décadas siguientes la oposición no fue capaz de crear un lenguaje propio que le hiciera frente al castrismo.

La contrarrevolución de los años 60 tuvo la peor parte. Recién triunfada la Revolución y en pleno auge del castrismo, el vocabulario simbólico contrarrevolucionario quedaba asociado al régimen anterior. Expresaba LA VOZ:

Los esbirros, los verdugos, obligaron a la Revolución, muy a su pesar, a implantar los tribunales revolucionarios y sanciones severas, pero la Revolución no tiene la culpa: la culpa la tiene la contrarrevolución, la culpa la tiene el imperialismo, la culpa la tienen los esbirros que quieren volver a enlutar la familia cubana.

El discurso disidente de fines de los años 80 y principio de los 90 fue combatido por el gobierno como una manipulación injerencista para socavar la Revolución.

Protestaba LA VOZ:

Lograron esos mezquinos partos en la Comisión de Derechos Humanos: resoluciones extraídas con fórceps, en la reñida

Incluso después de la caída de la URSS y el bloque socialista, el discurso disidente es tomado prestado de fuentes foráneas, salvo excepciones como el Proyecto Valera de Payá Sardiñas.

Luego de la desaparición de LA VOZ y el envejecimiento de la generación histórica en el poder, la oposición tiene por fin una brecha. Y aunque ha logrado articular documentos y producir manifestaciones de protesta en la calle, todavía no se proyecta como una comunidad por sí misma.

Desaparecida LA VOZ y gastado el proyecto sería un error asumir que el castrismo carece de reservas. Aunque agotada, la matriz simbólica del castrismo aún cuenta con el apoyo del pueblo—lo cual no significa apoyo consumado ni absoluto. La permanencia del castrismo es una cuestión de acotejo: qué pesa más, la inercia de décadas de apoyo y maniobras o el lastre amargo de la miseria.

Onceno lema: El apoyo al castrismo es simple exterioridad.

Cubanólogos de la vieja escuela del voluntarismo sicológico pretenden leer el pensamiento de las masas (el sofisma en este caso consiste en dar por sentado lo que necesita probarse). Decimos que el comportamiento social es exterioridad. Apoyar no es un pensar sino un hacer específico. Apoyar el castrismo es pertenecer a sus Fuerzas Armadas o a su aparato represivo, ser miembro del Partido o de las organizaciones de masas, hacer guardia, ir a los círculos de estudio, chivatear, seguir de largo ante el atropello al vecino o congregarse en la plaza cada vez que se le convoca. Esa exterioridad es el combustible que mantiene vivo al régimen.

Último lema: El apoyo al castrismo es voluntario y automático.

¿Qué espera un pueblo que ha participado ya en cientos de cientos de desfiles? ¡El próximo desfile! Esa multitud sudante que bajo el fuerte sol de mayo vitorea por horas la monserga de

Raúl Castro, es un hecho extraordinario de automatismo que el castrismo ha sabido explotar. Se trata de un espejismo tragicómico. Ese pueblo concentrado en la plaza forja una voluntad de encontrarse a sí mismo como unidad, aunque paradójicamente en tanto que unidad, debe verse igualmente en falta, fuera de la multitud. Hagamos un recorrido por esa multitud sandunguera.

¿Qué observamos en las flamantes fotos del desfile de un reciente Primero de mayo?

Generales enriquecidos.

Militares acomodados y agradecidos.

Militares no acomodados y acondicionados.

Dirigentes y burócratas aliñados.

Familiares de generales, militares y burócratas muy beneficiados.

Tropas de choque enguayaberadas.

Segurosos avezados.

Policías devotos.

Dirigentes renombrados.

Estudiantes destacados entrenados.

Estudiantes semiconvencidos llevados hasta allí.

Agrupaciones de chivatos anónimos.

Trovadores conocidos, no arrepentidos.

Escritores publicados y agradecidos.

Escritores en lista de espera esperanzados.

Poetas chicharrones del sistema.

Intelectuales grises y posiblemente delatores.

Compositores consagrados.

Artistas conocidos y desconocidos.

Cederistas incondicionales y avizores.

Deportistas olímpicos.

Obreros sacrificados y acólitos.

Ex combatientes endurecidos, pero aún ilusionados.

Masas semiadaptadas, resignadas y casi convencidas.

Retirados convencidos y nostálgicos.

Amas de casa imbuidas.

Miles de pioneros, adolescentes y preuniversitarios llevados allí (futuros hombres y mujeres acondicionados).

Otros miles de cubanos hastiados pero reunidos por la causa (y por el camión de cerveza).

Militantes fervorosos.

Ex militares traumados pero castristas.

Ex militares de alto rango devenidos negociantes de éxito.

LA RURALIZACIÓN (CASTRISTA) DE LA HABANA

Existen La Habana Colonial, La Habana Republicana y La Habana Totalitaria. Las primeras fueron sumamente creativas, y la Republicana fue, además, de una capacidad constructiva extraordinaria. En la tercera etapa, el Estado usurpó a la sociedad la labor de hacer ciudad. Por lo tanto, el mayor problema urbanístico que enfrentaremos es recuperar la actitud positiva de hacer ciudad en un ambiente de libertad expresiva. La remodelación de La Habana no debe ser impuesta desde arriba, sino surgir del pensamiento y sentimiento de la sociedad, interpretados por sus urbanistas. — Nicolás Quintana.

La ruina urbanística de La Habana no es un accidente. Los más de sesenta años de abandono de toda una ciudad responden a una política descabellada del Máximo Líder poco investigada.

En lo invisible, la industria y las inversiones no existen. El declive urbano se ignora, la mano de obra especializada desaparece, el planeamiento urbano brilla por su ausencia. En lo visible, el pavimento se hace tierra, las paredes se cuartean y desmoronan, los techos se derrumban, las tuberías se pudren, las aceras se rajan, el piso se quiebra, las construcciones se desploman dejando montañas de escombros que nadie recoge. Brotes de hortalizas invaden los jardines. La hierba crece en las calles. Chivos, perros, gallinas y cerdos pululan las avenidas de barrios otrora modelos. Aparecen ranchones de guano, carretones tirados por burros, tractores circulando por las calles del Vedado y sopones cociéndose en parterres ocupados por indigentes. El habanero de a pie vive en medio de una realidad desoladora, semiagreste y opresiva.

El urbanista Paul Dobraszczyk en el libro *The Dead City: Urban Ruins and the Spectacle of Decay* (2017), menciona tres causas generales que contribuyen al descalabro urbanístico. Veamos cómo estas aplican en el caso de la capital de Cuba. Primero están las causas naturales, como inundaciones y huracanes. La inclemencia del tiempo siempre es un peligro para La Habana, ciudad con cara al mar, en medio de la ruta de los huracanes del Mar Caribe. Pero las tormentas que pasaron por la Habana no dejaron una secuela de destrucción notable en la capital durante la república. Le siguen las causas sociales como revoluciones, incendios y vandalismo. Aquí entran proyectos de redefinición urbana después de la destrucción por violencia generalizada (lo cual no aplica dentro de la férrea realidad totalitaria). Por último, existen causas económicas y urbanísticas que conducen al deterioro físico progresivo de las construcciones y la infraestructura. Ahí sí La Habana se lleva el premio mayor.

Los apologistas del castrismo justifican la crisis de la conservación urbanística durante la década del 60 como «necesidad de desvío de recursos contra el peligro de una invasión americana». Echan la culpa al bloqueo. ¿Y la década siguiente y la subsiguiente? No es que Castro no tuviera dinero en los años 70 para tratar de preservar La Habana. Lo tendrá a chorros a partir de 1972 cuando se firman los acuerdos del CAME y la URSS manda ¡Once millones de dólares diarios a Cuba! El gobierno de Castro despilfarra mucho de ese dinero en empresas bélicas descabelladas en Angola y Etiopía. ¿Cuándo se ha dado un esfuerzo coordinado de parte del estado dueño-de-todo por limitar el desgaste de la infraestructura en Centro Habana o en La Habana Vieja?

En *Echar a perder: análisis del deterioro* (2005), el urbanista y profesor de MIT Kevin Lynch explora el abandono como otra causa de la decadencia citadina. Pero el tipo de abandono que investiga significa *no habitar*. Lynch no menciona el renglón pertinente, que es el abandono urbanístico deliberado por antipatía y como política de estado. ¿Y quién mencionaría semejante cosa? Esa es precisamente nuestra tesis y La Habana primorosa es un ejemplo nefando.

La Habana y el sino del castrismo

A partir del triunfo de la revolución en 1959 ocurre algo insólito e imprevisto. En menos de 10 años el castrismo hunde el país en una miseria inexplicable. De nuevo, la desgracia no es causada por epidemias, como la gran hambruna de Irlanda en el siglo XIX; o por la guerra civil en la España posrepublicana; o por una crisis medioambiental, como Etiopía en los años 80. La miseria de Cuba es una miseria autofabricada y autoimpuesta.

Imaginemos el paso del tiempo sobre las desatendidas construcciones habaneras. Los 60, los 70, los 80, los 90, el milenio. ¿Cuándo jamás se realizó un trabajo de carpintería o albañilería para recuperar lucetas, ventanas, remozar arcadas en las plantas altas de las casonas de Centro Habana, restaurar la belleza de los balcones de la calle Reina o del Paseo del Prado, renovar la herrería original o las tejas de arterias ricas en fachadas y balcones como Egido y portales de Galiano? ¿Se dio mantenimiento a aquellos bulevares llenos de tiendas festivas en San Rafael y Neptuno? Hoy son ruinas lastimeras. ¿Cuándo se acató el daño a la infraestructura de La Habana Vieja de las «añadidas» barbacoas perpetrada por migraciones provenientes del campo, destruyendo más (aun sin querer) lo ya destruido? Preguntas ácidas ante el absurdo del castrismo.

Alguien aludirá los proyectos de renovación emprendidos por la Oficina del Historiador de La Habana. Y si bien el esfuerzo es encomiable, las realizaciones ejecutadas constituyen un porciento ínfimo de las necesidades reales de la capital en ruinas.

El arquitecto y profesor de la Universidad de Miami y Notre Dame Rafael Fornés, cuenta la experiencia de uno de sus viajes a La Habana en 2016 en compañía del arquitecto **Massimo Scolari**:

> *Fuimos a La Cabaña, porque Massimo es un amante de las fortificaciones antiguas. Al final de la visita me apuntaba que muchos de los restauros sobre la piedra estaban mal hechos. Los encargados saben que muchas renovaciones son defectuosas, algunas incluso terminan peores. Imagínate un empaste mal hecho que termine pudriendo la muela. Una colega cubana me contaba que el tratamiento de restauración de las piedras de La Cabaña ha hecho más daño a la construcción que 400 años de erosión. Esto tiene que ver con los materiales invasivos no orgánicos que se emplean. Por ejemplo, usan pinturas de acrílico en las paredes de las construcciones del siglo XVII-XIX, en lugar de usar lechada de cal. Ahí tienes la antigua Manzana de Gómez, hoy Manzana Kempinsky. El hotel se estrenó a bombo y platillo, pero la reconstrucción de la planta baja en 2017 da pena. Desbarataron la belleza de las galerías originales y dejaron un patio inhóspito. Incluso Luisma hizo un performance por la desaparición del busto de Mella. No se respetaron las ornamentaciones originales y las terminaron con materiales baratos. Una chapucería.*

Corre el año 1959. Cuba es el cuarto país de mayor urbanización de América Latina con un 35 por ciento de la población viviendo en zonas urbanas (actualmente Cuba no llega al número 17). La Habana es centro de energía vital, con el 70 por ciento de las industrias y el 90 por ciento del comercio pasando por su puerto. Solo un 6 por ciento de la población vive en solares.

¿Cuál es el atractivo de La Habana? Una ciudad bendecida por el litoral sinuoso, clima templado, una superposición de estilos arquitectónicos bien representados y un urbanismo de cuadriculación racional y elegante. Tanto el cubano como el extranjero emigran a La Habana porque es la ciudad más importante de la isla. El 75 por ciento de la industria nacional, excluyendo el azúcar, se encuentra aquí.

El sueño de Fidel Castro de ruralizar La Habana se remonta *La historia me absolverá* (1953). Desde entonces promete:

> *El gobierno revolucionario resolvería el problema de la vivienda rebajando resueltamente el cincuenta por ciento de los alquileres, eximiendo de toda contribución a las casas habitadas por sus propios dueños, triplicando los impuestos sobre las casas alquiladas, demoliendo las infernales cuarterías para levantar en su lugar edificios modernos de muchas plantas y financiando la construcción de viviendas en toda la Isla en escala nunca vista, bajo el criterio de que si lo ideal en el campo es que cada familia posea su propia parcela, lo ideal en la ciudad es que cada familia viva en su propia casa o apartamento.*

La Reforma Urbana

La Reforma Urbana, aprobada el 14 de octubre de 1960 , aparenta implementar una política de igualdad social que sin embargo fracasa estrepitosamente en menos de una década. El periodista Rogelio Fabio Hurtado es sucinto, aun exacto para *El veraz.com* (marzo de 2003):

En el mismo 1959, el gobierno revolucionario dictó la rebaja general de los alquileres al 50 por ciento, medida que obviamente contó con el apoyo de los beneficiados y la inconformidad de los perjudicados. ¿Quiénes eran estos propietarios? No todos ni mucho menos eran grandes casatenientes ni ricachones platónicos. Había familias de modestos recursos que habían invertido sus arduos ahorros en fabricar una o dos casitas o un pequeño pasaje a cuya renta confiaban su vejez. La medida fue popular sin dejar de ser arbitraria, y desestimuló las nuevas inversiones. A partir de la Reforma Urbana quedó estrictamente vedado el acceso del capital privado en el sector de la edificación de viviendas, ya totalmente en manos del estado, quien también se hacía cargo de las casas de los núcleos familiares que se marchaban a Estados Unidos. Si bien casi un 50 por ciento de la población se convirtió en dueño de las propiedades, los edificios de apartamentos en La Habana (que constituían la mayoría de las construcciones de Centro Habana), fueron privados de mantenimiento. El castrismo nunca implementó un sistema administrativo que se hiciera cargo del sostenimiento de los miles de edificios de apartamentos o multiviviendas de la capital. Se prohibía la compraventa de viviendas. Únicamente se autorizaba la permuta de viviendas de valor semejante. La aplicación de esta ley generó por un lado, la inflexibilidad ante el cambio de demanda de vivienda y por otro, el desarrollo de un mercado negro (para lograr la compraventa de la vivienda). Como todo en el castrismo, lo que parecía bueno resultó caduco e inoperante.

Tan temprano como 1970 se hace claro que la reforma no funciona. Aquí enumeramos problemas básicos que aplican hoy:

- No hay mercados para materiales de rehabilitación y construcción (y el limitado y perseguido mercado negro no tiene garantías).
- No existen brigadas de rehabilitación que puedan contratarse, ni entidad cooperativa, ni cámara de artesanos encargada de supervisar a los auto constructores.
- No hay líneas de crédito para la rehabilitación y construcción, ni subsidios como parte de un programa de rehabilitación urbana (con la excepción del centro histórico administrado por la Oficina del Historiador de la Ciudad).
- No existe una «ley de propiedad horizontal» adaptada a las circunstancias particulares de La Habana (los comités de administración de cada uno de estos inmuebles no tienen personalidad jurídica para contabilizar y solicitar préstamos).
- La prohibición de compraventa de viviendas imposibilita jurídicamente la adaptación a las nuevas circunstancias, sea la reducción del consumo de la vivienda o cambios en el seno de la familia.

El antecedente ideológico de la ruralización (vía Engels)

Volvamos a la ruralización. A nueve años del triunfo, la dirigencia comunista cubana choca cara a cara con el incorregible problema del enriquecimiento del individuo. La revolución, autoproclamada heredera del marxismo-leninismo, no puede de ninguna manera traicionar al tatarabuelo Marx en su *Contribución a la crítica de la economía política* (1859). Comienza a gestarse el golpe demoledor a la —ya endeble— economía cubana. Me refiero a la llamada «ofensiva revolucionaria», donde se intervienen más de 55.636 pequeños negocios, equivalentes al 33 por ciento de la economía del país. Es el proceso más inmisericorde de purificación ideológica de la historia del castrismo.

Para Castro, el trabajo del hombre no deberá exceder jamás el usufructo necesario para su mínima supervivencia. Más allá de esto, el trabajo definido como tal, desaparece y surge su clon perverso, el enriquecimiento ilícito. Pero todo enriquecimiento es por definición «ilícito», pues resulta invariablemente en la explotación del trabajo del otro (la plusvalía marxista).

La historia de los planes de desarrollo de la revolución desde 1968 refleja ese sueño de «conquista del comunismo» que se extiende hasta las «rectificaciones de errores» de los años 80.

Aquí el fragmento del discurso de Castro, con motivo de la inauguración de un pueblo en la periferia capitalina dentro del Cordón de La Habana (1968).

> (…) *la ciudad siguió creciendo durante cuatro siglos, y con la instauración de nuestra seudorrepública a principios de siglo, unido al fenómeno de la intervención y la colonización por el imperialismo, se sumó todo el fenómeno del crecimiento de la ciudad, donde vinieron a residir todas las familias ricas del país: terratenientes, dueños de centrales azucareros, dueños de fábricas; y, en fin, por eso ustedes ven tantas casas lujosas por los alrededores de La Habana, donde hoy se albergan unos 70.000 estudiantes. Los ricos en Cuba construían casas verdaderamente suntuosas.*

La Habana sostiene una mancha irreparable. Ser la gran ciudad de la colonia y después durante la república la capital de la burguesía criolla. «El lujo» citadino (lo que otros llamarían simplemente arquitectura y urbanismo coherentes) es el reflejo de una debilidad moral. De ahí que en los primeros años de la revolución, las otrora casas de la burguesía sean convertidas en albergues para becados (muchas son saqueadas).

Con el tiempo, los revolucionarios terminan siendo los *nouveau riche*. Aquellas edificaciones «suntuosas», diseñadas por toda una generación de arquitectos cubanos durante la década de los 50, en repartos como Siboney/Atabey, Laguito y Cubanacán, ya no albergan estudiantes. Ahora son «zonas congeladas» de acceso limitado para personal diplomático, generales, pinchos, en fin, la nomenclatura castrista y sus huéspedes de ocasión.

Castro ni siquiera entiende la importancia urbanística de una avenida o un parque, como queda demostrado en este discurso de 1959 para el Colegio de Arquitectos:

Cuando se ha hecho una avenida no ha beneficiado al pueblo. Cuando se hace, por ejemplo, la Quinta Avenida de Miramar, tan hermosa, con sus flores, con su doble vía, ¿a quién benefició? Ha beneficiado a los que residen en aquella zona, ha beneficiado a los clubes que se habían apoderado de la parte costera, pero realmente no se podía decir que el pueblo se había beneficiado.

El castrismo le debe mucho a la ideología marxista. A Marx no le interesaba el urbanismo. Su pensamiento era abstracto. No así Engels, gran publicista del marxismo y mano derecha del autor de *Das Kapital*. En el ensayo *Las grandes ciudades* (1845), Engels explora objetivos urbanísticos específicos, como la morfología de las calles, el tamaño y la densidad de las viviendas, las condiciones sociales de sobrepoblación y contaminación ambiental en ciudades como Dublín, Manchester, Londres y Edimburgo.

Su conclusión es que el auge industrial capitalista (tipificado por Inglaterra en este momento) no hace más que acentuar el cisma de depauperación entre campo y ciudad. El argumento se repite y amplía en *Anti-Düring* (1877).

La abolición de la separación de la ciudad y el campo no es una utopía, también, en la medida en que está condiciona-da a la distribución más igualitaria posible de la industria

moderna en todo el país. Es cierto que en las grandes ciuda-
des la civilización nos ha legado una herencia de la cual es
difícil deshacerse. Pero debe ser y será eliminada, por más
prolongado que sea el proceso.

¿Cuál es la solución del filósofo, negociante y mecenas de Marx? La integración del campo a la ciudad como contención a la decadencia citadina. Engels, precisamente, propone la ruralización de la ciudad.

Castro no es el único discípulo del urbanista marxista. Lenin admiraba la conjetura engelsiana de «abolir la antítesis entre la ciudad y el campo». De ahí que Stalin, alumno destacado de Lenin, adopte la hipótesis como parte del Primer Plan Quinquenal de la URSS (1928-1933), conocido como *Kollektivizátsiya*. La «colectivización» agrícola forzada que convierte la agricultura en una «nueva industria». ¿El resultado? Un desastre humano y ambiental inconcebible. Millones de muertos, millones de desplazados y dos genocidios: el Holodomor ucraniano y la hambruna kazaja.

Ahora se comprende por qué Castro declara que La Habana debe pagar un precio:

(...) la población de la Ciudad de La Habana se redimirá
de esa especie de colonización a la que tenía sometido al
resto del país. Porque La Habana más que la capital de
Cuba era la metrópoli de Cuba; y ahora La Habana podrá
ser la capital y no la metrópoli, porque dejará de ser una
carga y se convertirá en una tremenda ayuda para el país.
Es decir, que La Habana tiene la misión y la obligación de
ayudar al resto del país.

Urbanistas tomen nota, Castro se jacta de despotricar contra La Habana, mundana, sometedora del resto del país. Una capital defectuosa:

(…) en La Habana y sus alrededores hay una población acumulada de más de un millón y medio de personas. Además, los colonizadores de este país ubicaron en sus inicios, hace cuatro siglos, la Ciudad de La Habana en una de las regiones más estrechas del país, donde no había ningún río grande. Desde luego, hay el río Almendares, que es un arroyito. Los que sepan lo que es un río saben que no se puede llamar río al Almendares.

Una testigo de los hechos, la antropóloga Elizabeth Burgos, sicoanaliza la neurastenia creciente de Castro con la capital en «La Habana por hacer» (2009):

A partir de 1959, La Habana es relegada al estatus de ente femenino al que se le aplica el discurso misógino destinado a las mujeres «pecadoras», acusadas de llevar una «mala vida». A su atractivo, a su prestigio internacional y a su centralidad, se le adjudica la culpa de la decadencia de Cuba. Su protagonismo cultural, sus logros arquitectónicos, son silenciados y se centra el discurso político en el aspecto que privará como imagen: su vida nocturna, sus bares célebres y sus cabarets, sus salas de juego y, sobre todo, la prostitución. Acabar con ese foco de «inmoralidad» se convierte en una forma de legitimación del proyecto revolucionario. Quienes coincidimos en aquel período en la isla, a mediados de los años sesenta, recordamos los largos monólogos nocturnos de Fidel Castro sobre la obsesión que lo ocupaba en aquel momento, que se originaba en el descontento por el desabastecimiento que comenzaba a castigar a la población. Se necesitaba un culpable, y La Habana, que ya ostentaba el signo de lo negativo, se le reprochaba consumir gran parte de los recursos que producía el país, mientras que ella no producía nada. Esa condición de mujer «pecadora» de La

Habana se tradujo en la voluntad de castigarla, de negarle los afeites y los cuidados necesarios para la preservación de la belleza y evitar los estragos del tiempo.

Rafael Fornés aporta otro ángulo al mismo asunto:

Te diré que Castro odiaba la capital, e incluso tenía planes para demoler La Habana Vieja. He visto ese plan en el libro The Havana Guide: Modern Architecture 1925-1965, de Eduardo Luis Rodríguez. En la introducción se muestra una foto del plan para destruir el casco antiguo. Recién triunfada la revolución, Castro demuele el «Mercado de Tacón», conocida como La Plaza del Vapor; monumental manzana de tres pisos en la calle Galiano, repleta de pequeños negocios; mientras los pisos superiores se destinaban a unas doscientas habitaciones. En su lugar construyen un parqueo espantoso. El conocido arquitecto Frank Martínez me contaba una conversación que tuvo con la persona responsable de esa demolición, Cesario Fernández, conocido como «Zapatón». Cesario también quería demoler el Museo de Arte Colonial, frente a La Catedral, para según él «abrir la fachada de la plaza». Frank le dijo horrores. Otro golpe es cuando se cierra el colegio de arquitectos y se deja huérfana la profesión. Castro odia la arquitectura porque es una profesión elitista. Luego viene la destrucción de símbolos que representan esa Habana corrompida. Primero, la invasión de los guajiros a La Habana el 26 de julio de 1959. Pedían a la gente que los hospedara. En mi casa hospedamos a uno. Existe un libro de fotos de Mayito (García Joya) de la ocasión. Después está la destrucción del monumento al Maine de Félix Cabarrocas en 1961. Castro manda a derribar el águila de bronce y retira los bustos de McKinley, Leonard Wood y Theodore Roosevelt. Le sigue la destrucción del monumento a Tomás Estrada Palma en los años 70. Arrancaron de cuajo la estatua y quedaron los zapatos (lo que anclaba la estatua al pedestal). Incluso recuerdo a Eusebio Leal criticando la acción en la televisión nacional. Habían vandalizado el pedestal con grafiti. Dijo: «Cómo vas a pedirle a la gente que no vandalice si el gobierno ya ha vandalizado».

1968, año de la ruralización

Para la mentalidad campestre de Castro, si el campo es el foco del desarrollo económico revolucionario, la ciudad debe convertirse en campo. «Quedará muy poca superficie en esta provincia que no sea agrícola» —el lema del Cordón de La Habana.

El 1968 debió ser «Año de la ruralización». Bautizado con nombre tibio, nada altisonante: «Cordón de la Habana».

El plan comienza el 17 de abril con un puesto de mando similar al de las Fuerzas Armadas, donde se imparten órdenes. Radio Cordón de La Habana transmite el boletín «Noti Cordón» (la primera actividad matutina de Castro, según cuenta la leyenda). Decenas de miles de personas, incluyendo estudiantes menores de edad, son volcadas a las llamadas tareas agrícolas de siembra de café, recogida de viandas o limpieza de arbustos. La meta es convertir la ciudad en un centro gigantesco de producción agrícola.

A fines de 1968 Castro pasa revista de los logros en el Cordón. Se han sembrado 908.389 árboles frutales; 39.400.613 matas de café, 13.793.110 matas de gandul y 2.612.913 de plantas forestales. Inesperadamente el proyecto fracasa cuando se descubre que las plantas de café no progresan debido a la plantación paralela del gandul, leguminosa destinada a dar sombra a la plantación, pero que absorbe todo el oxígeno de la tierra matando al cafeto.

Pese al fuerte revés, la ruralización da otro paso adelante con la Ley 1231, llamada «Ley contra la vagancia», el 15 de marzo de 1971. Conlleva la reconcentración de 218.000 adultos para el trabajo forzado en las tareas de producción. Con una economía destruida por la intransigencia y la ineptitud, ¿no se hace claro que el trabajo forzado y el trabajo voluntario promulgados por el castrismo son mecanismos de coacción y control a gran escala?

Alamar, modelo fallido

El proyecto de micro brigadas de principio de los años 70 obedece al llamado del Máximo Líder a las empresas estatales y su fuerza de trabajo, a construir complejos de apartamentos para suplir la necesidad de la vivienda.

Las empresas proporcionan la mano de obra mientras que el gobierno suministra los materiales de construcción. El 65 por ciento de todas las viviendas en 1972 y 1974 proviene de micro brigadas. Un 40 por ciento de las viviendas se erige alrededor de La Habana. Aquí el *coup de grâce* de Castro:

> *En los campos no haremos edificios tan grandes, pero, desde luego, construiremos verticalmente más que horizontalmente. Y la política que se seguirá es preferencia al campo en la construcción de viviendas sobre la ciudad y preferencia por encima de todo a los obreros que trabajan en las granjas estatales, y progresivamente iremos también resolviendo los problemas de la vivienda de los campesinos. Es decir que el campo en la construcción tendrá prioridad sobre la ciudad. Y eso es muy lógico y eso es muy justo, no creo que nadie discuta eso (aplausos).*

Un chiste famoso entre residentes de Alamar a fines de los años 70 reza: «en Alamar todo está construido menos la ciudad».

Prefabricada, amorfa, aislada e impersonal, Alamar, para fines de los años 80, es un desastre urbano. Las calles han sido construidas detrás de los edificios (en vez de enfrente). El visitante camina en medio patios mustios y tendederas. Sin jardines ni áreas verdes, la urbanización, como conjunto, luce pavorosa.

El 70 por ciento de los edificios del enclave necesita reparaciones estructurales urgentes, debido a sistemas prefabricados deficientes. Las filtraciones constantes incrementan la humedad en las viviendas. Es común que a pocos años de terminada la obra se revienten tuberías, se levanten los pisos y los techos cedan ante el peso del agua acumulada. El conocido urbanista Mario Coyula lo explica así: «Las viviendas construidas no contribuyeron a resolver el problema del deterioro y pérdida del fondo».

Para los años 90 el 14 por ciento de la población de la ciudad vive en barrios marginales, zonas insalubres, o viviendas en estado irrecuperable, el 20 por ciento de las unidades en La Habana carece de electricidad y agua potable.

Cito del estudio *La Habana patrimonio de la humanidad* (1996), de los urbanistas españoles Antonio López Ontiveros y José Naranjo Ramírez:

> *El abandono de La Habana, con el consiguiente proceso de tugurización (…) cuando La Habana Vieja sufre de un larguísimo período de inoperancia total, de inadecuación entre las políticas oficiales y la auténtica labor de protección y recuperación; todo ello conducirá a un proceso de ruina que, en muchos casos, ha sido irremediable. Porque hoy La Habana Vieja es una ciudad decrépita, una informe y dantesca acumulación de ruinas, el conjunto urbano más caótico que conocemos. ¿Cómo es posible que se haya llegado a este estado de cosas?*

La «tugurización» de La Habana

A mediados de los 90, durante el llamado «período especial», en medio de condiciones pésimas de vivienda, se acelera la migración de oriente a occidente (también llamada «palestinización» de la capital). La crisis deviene tugurización: hacinamiento vivencial forzado en viviendas precarias en la periferia citadina, construidas con cartón, tablas, plástico, techos de zinc, sin agua potable, servicios sanitarios ni luz eléctrica.

La monografía «Migraciones y efectos socioambientales: La Habana de los 90» (2007), de René González Rego de la facultad de Geografía de la Universidad de La Habana arroja:

> *Se puede afirmar que la capital cubana se ha estado convirtiendo en una urbe de inmigrantes, ya que si en 1977 el 41 por ciento del crecimiento poblacional se debía al saldo migratorio interno, en el período 1989-93 éste representaba el 74 por ciento del mismo (…) hay una tendencia a vivir en condiciones cada vez más precarias, sobre todo para los que migran en busca de trabajo (…) Los que arribaron entre 1990 y 1995, se asientan en barrios insalubres, fundamentalmente en los municipios periféricos de la ciudad, pudiéndose notar la problemática de la diferente percepción de las condiciones ambientales, ya que aún en estas condiciones precarias de vida, un 60 por ciento de los entrevistados manifiestan que han mejorado sus condiciones de vida y socioeconómicas de La Habana con respecto a sus lugares de origen.*

¿Consenso desde la miseria? Lo peor de La Habana puede ser lo mejor para un «palestino» nuestro.

De acuerdo a la periodista Gladys Linares para *Cubanet.org* (octubre de 2021), en la capital cubana existen sesenta y cinco barrios marginales en condiciones infrahumanas. Miles de miles de desclasados ocupantes del «llega y pon» habanero:

> (…) *sin derecho a trabajar legalmente, sin libreta de racionamiento ni acceso a servicios básicos como electricidad, agua potable o alcantarillado. Siempre con la zozobra de ser deportados hacia su provincia de origen. Sus hijos, habaneros por nacimiento, deben ser registrados en el domicilio legal de la madre, que claro está, no es la capital. Mientras los comunistas no se cansan de hablar de justicia social (…) ese es el drama que han vivido durante años más de 700.000 cubanos indocumentados en su propio país.*

Otro factor de la tugurización es la nueva política de gentrificación del gobierno cubano (mantenido en secreto por razones obvias) de estimular la destrucción para construir hoteles de lujo, particularmente después de la pandemia de 2020. El periodista independiente Mario Echevarría Driggs reporta para *Cibercuba.com* (septiembre de 2018):

> *Al que se le caiga la vivienda en la Habana Vieja o en Centro Habana, (va a) un albergue, pero ya tú sabes, bien lejito. Nada de reconstrucción de tu casa, nada de arreglar tu casa. Es triste lo que está pasando.*

De acuerdo a Driggs, la práctica habitual del gobierno cubano de aprovechar el deterioro que sufren muchos edificios ubicados en zonas céntricas para levantar nuevos hoteles.

> *Prefieren que se te caiga el edificio y a ti ubicarte en un albergue.*

De acuerdo a *USA Today* (diciembre de 2018), en La Habana se reportaron entre 2000 y 2013 unos 3.856 derrumbes parciales o totales de edificios, sin contar 2010 y 2011 cuando no se llevaron registros. Los derrumbes han empeorado la ya grave escasez de viviendas. Solo La Habana tuvo un déficit de 206.000 viviendas en 2016, según cifras oficiales.

Un artículo reciente para *El Washington Post* de Abraham Jiménez Enoa (agosto de 2020), actualiza la desgracia durante la pandemia:

> *En la actualidad, 47 por ciento de todas las viviendas cubanas necesitan rehabilitarse o repararse y 5 por ciento está en peligro de derrumbe, declara un informe del Observatorio Cubano de Derechos Humanos. Dentro de toda esa debacle inmobiliaria que padece la isla, La Habana, la provincia con mayor densidad poblacional del país, es la de peores números (…) con 2.1 millones de habitantes, tiene un déficit habitacional de 185.348 inmuebles, de los cuales deben repararse 83.878 y reponerse 46.158. Además, se necesitan 43.854 hogares para personas que perdieron sus casas por derrumbes y se encuentran pernoctando en albergues estatales, así como 11.458 viviendas más por el crecimiento habitacional de la ciudad.*

No hay Habana para tanta gente.

La crisis es tan palpable que periódicos internacionales han optado por presentar un tipo de ensayo fotográfico, mostrando simplemente la degradación de la ciudad.

Otro ensayo del periódico inglés *The Guardian* (marzo de 2023) abre con lo siguiente:

> *El enfoque principal de este proyecto es documentar la pésima situación de la vivienda en La Habana Vieja, un reflejo del colapso generalizado del país. Algunas fuentes sugieren que el gobierno permite que los edificios se derrumben para poder*

comprarlos a bajo precio y convertirlos en infraestructura turística. Las voces de este reportaje revelan una realidad que se aleja de la imagen de un paraíso caribeño para mostrar edificios ruinosos entre ratas, chinches y cucarachas, con continuos apagones y falta de agua.

¡Por fin, el sueño del Máximo Líder de destruir La Habana, hecho realidad!

EL APOYO GRIS AL CASTRISMO, DE YOLIVÁN

Deseo explorar lo que comúnmente llamamos *apoyo al castrismo*. Comportamiento que responde a un entorno inamovible que dura más de 60 años.

Cierto, lo que Castro llamaba revolucionario —«un ser sacrificado y noble que no pide nada a cambio de su labor heroica»— es una manera castrista de ser. Pero entrado los años 60 del siglo xx, Castro añadió un nuevo ingrediente: ser revolucionario ahora significaba «decir presente» en las tareas revolucionarias.

Este modelo conductista de participación es *sine qua non* del apoyo al castrismo.

Para entender al Castro conductista, lea el mamotreto *Palabras a los intelectuales*. En medio de la plática, Castro deja caer que no todos los hombres buenos y honestos tienen que ser revolucionarios. La Revolución tiene «el deber de incluirlos a todos».

Parecería inaudito que la mayoría de la gente que apoya el castrismo no sea necesariamente revolucionaria. ¡Y es que la mayoría de los que apoyan no son siquiera conscientes de ello!

¿Qué significa apoyar? Del latín *appodiare*, indica «sostener». Y sostener algo no presupone el deseo explícito de hacerlo. ¿No es racional actuar contra nuestro deseo si dicho ejercicio mejora nuestros intereses? Apoyar es, por así decirlo, un instinto de sobrevivir.

El que apoya el castrismo es una especie de paloma dentro de la «Caja de Skinner». ¿Conocen el experimento?

Tres palomas hambrientas dentro de una caja exhiben comportamientos muy distintos (independientemente de la misma comida que reciben). Una paloma aprende a dar vueltas en sentido contrario a las manecillas del reloj alrededor de la caja; la otra pega su cabeza a una esquina de la caja y permanece inamovible; la tercera sacude el cuerpo espasmódicamente. ¿Qué causa dicho comportamiento?

La explicación de Skinner es asombrosa. Cualquiera que sea la respuesta de las palomas justo antes de la recompensa (la administración de la comida), termina siendo reforzada justo al recibir la recompensa. Es decir, ¡no importa la respuesta! El comportamiento no es más que el producto de una recompensa reforzada.

¿Cuál es la recompensa del apoyo al castrismo? El mendrugo castrista.

Después de 60 años el cubano ha aprendido a funcionar dentro del sistema. Volviendo a la definición conductista de Castro: apoyar es exhibir un comportamiento (aparentemente) revolucionario.

Digo «aparente» porque resulta harto difícil justificar el castrismo desde el punto de vista racional (lo contrario requeriría un pueblo de anormales). Las masas actúan automáticamente. Una acción repetida termina siendo una acción aprendida y viceversa.

El análisis conductista que propongo requiere que el comportamiento del individuo hable por sí mismo. Indudablemente, hay expertos cubanólogos que leen mentes.

¿Pero quién que se respete concibe semejante lectura?

Lo que sigue es una narración del apoyo de Yoliván. Como veremos no se trata de una caricatura en blanco y negro. Quien apoya es un ser tan funcional como contradictorio. Así sobrevive.

Yoliván tiene 42 años y es ingeniero mecánico. Creció en una familia de profesionales. Miguel Ángel, su padre, es ingeniero eléctrico. Graciela, su madre, sicóloga. Los padres se divorciaron por motivos, más que nada, políticos. Graciela era presidenta del CDR y comunista declarada.

Algo que nunca le perdonó al marido es no haber sido aceptada en el partido porque Miguel Ángel era percibido como desafecto a la Revolución. Miguel Ángel se fue a Miami en 2014 con la lotería de visas. Graciela se quedó. Hoy en día es una revolucionaria feliz.

En 2012 a Yoliván le dieron un ascenso en su centro de trabajo. No vino con aumento de sueldo, pero lo hizo sentirse reconocido (el documento aparece en la pared de la sala de la casa, junto a una foto de Yoliván de niño con sus padres durante el Período especial).

Yuseini, la hija de Yoliván, es pionera. Su esposa Uivis fue maestra de inglés en una escuela Secundaria Básica en el municipio Arroyo Naranjo. Dejó su trabajo de maestra para abrir un paladar con la tía, pero el negocio no funcionó porque los chivatos y la policía corrupta no las dejaban tranquilas y la poca ganancia no alcanzaba. Ahora Uivis trabaja como intérprete en el sector turístico.

Políticamente hablando Yoliván es lo que pudiéramos llamar un achantado. Dice presente en los actos de masas. Las fotos en el apartamentico que tienen en Luyanó así lo prueban: Yoliván enlistado en una brigada de trabajo voluntario, o sonriendo al lado de su mamá en la Plaza un 1° de mayo.

Transpira que es cederista por hacer a su madre feliz. Sin embargo, Yoliván nunca ha pertenecido a la UJC ni al Partido Comunista. A veces en la intimidad, se franquea con Uivis y le dice que está harto (aunque evita a toda costa explicar qué significa semejante cosa). Frente a la madre jamás habla de política.

Graciela puede ser una fiera si le tocan la Revolución. Familiares allegados apuntan que Yoliván tiene la conciencia marcada por el divorcio de sus padres, el exilio de Miguel Ángel y la terquedad política de Graciela. Sin embargo Yoliván admira la convicción de su madre (admite en privado que no puede descifrarla).

El apartamento de Yoliván está bien montado gracias al padre exiliado: televisor Samsung de 56 pulgadas con equipo *surround* de 6 bocinas, aire acondicionado en la barbacoa, computadora, laptop y playstation para la niña. Tiene refrigerador y cocina de gas nueva que le compró Miguel Ángel. Recientemente ha conseguido muebles nuevos.

La familia se viste con ropa de Miami. Entre eso y lo que se busca Yoliván haciendo mecánica los fines de semana puede decirse que se dan una vida mejor que la de muchos. Esta noche después de unas cervezas Yoliván y la madre hablan en intimidad.

La conversación toma un giro inesperado cuando él le dice que quisiera viajar con Yuseini y Uivis al extranjero y conocer el mundo.

¿El mundo? Yolivancito, mijito, tú no sabes cómo está eso allá afuera. Ya sé que has cambiado, desde que tu papá te mete todo ese ruido en el cerebro cuando viene de Miami dándonos caritate.

Mima, el viejo trabaja duro y nos ayuda. No te olvides que gracias a él conseguimos las pastillas para la presión de tía Fefa y mira cómo me ha ayudado con el apartamento.

Hablo de otro asunto, ¿en qué trabaja tu padre?

Se gana la vida honestamente.

Lleva siete años en Miami y no sabe hablar inglés. ¿Tú crees que yo no me doy cuenta?

Mima si no fuera por el viejo no sé qué nos haríamos.

¡Tu padre te tiene chantajeado! No quieres ver que se está comiendo un cable y vive peor que nosotros. Trabajando de *valé parkin* por la madrugada en un hotel en Miami Beach. Un ingeniero eléctrico graduado de la Lenin. Un hombre que tenía futuro.

Tengo fe que el viejo va a salir adelante. Tiene esperanza de montarse un negocio de electricista.

Yolivancito, mijo, tu padre se la pasa ahorrando los centavos para venir. O sea, se da el pisto con nosotros, pero no es más que un *muertoehambre*. ¿Eso es vida? Si aquello es tan bueno, ¿qué hace tu padre que no sale de aquí, coño?

La verdad que a veces no lo entiendo, pero también lo comprendo. A él se le acabaron las opciones en este país. No daba más. Quería prosperar, buscar un futuro. Le agradezco muchísimo que luche por ayudarnos.

¡Vieja, abre los ojos!

(Algo alterada) A tu papá y a mí la Revolución nos lo dio todo. Y fuimos felices.

¿Felices? Yo me acuerdo como peleaban. El viejo quería un cambio en su vida y tú nunca lo comprendiste.

Tu padre se dejó comer la cabeza por Petronio, el desviado sexual de tu tío, que lo metió a contrarrevolucionario. Le prometieron villas y castillas esos grupúsculos. ¿Y ahora qué?

Coño, vieja, qué injusta eres. ¿Qué tiene que ver ser disidente con ser maricón? ¿Sabes qué? Que yo recuerde tío Petronio nunca habló mal de ti.

Mijo, tú sabes que tengo la razón. Tu padre todo lo que tiene se lo debe a la Revolución.

¡Coño, mima, contigo no se puede!

(Graciela pone cara de Virgen Dolorosa) ¡Cómo te han comido el cerebro, mijito!

Tú siempre lo llevas todo al extremo. Por eso es que nunca hablo de política contigo.

(Graciela modifica el tono de la voz) Quién es la única en este mundo con la que puedes hablar en confianza, ¿eh, dime? (lanza un sonrisa de cajetilla, amorosa, para suavizar el momento).

(Yoliván la contempla con cara de lagartija atropellada) ¿Te… gustaría pasar el sábado que viene con tu nieta? Así les hago un videito juntas. Uivis va a hacer flan de calabaza.

(Esa noche, Yoliván y Uivis conversan en su apartamento) Yoliván, ¿cuándo dijo tu papá que venía de nuevo?

No sé, Uivis. Acaba de venir hace un mes y pico.

¿Qué quieres, que venga todas las semanas?

Eh, ¿qué te entró?

Lo que pasa es que en esta casa todo gira alrededor del viejo.

Muchacho, ¿no eras tú el que ayer mismo me hablabas de que soñabas darte un viaje por el mundo con nosotras?

Sí, ¿y qué tiene que ver eso con mi papá?

Oye, ¿por casualidad estuviste en casa de tu madre?

¡Uivis no empieces!

No, porque cada vez que vas allá vienes medio loco.

No vengo loco ni ná. Lo que pasa es que nos hemos vuelto muy materialistas, coño.

¿Materiqué? ¿A qué viene esa palabrita?

Materialista, sí. Alguien que no hace más que pensar en el dinero. Dime una cosa: ¿Tú eres feliz conmigo o no? Parece como si vivieras insatisfecha. Que nada te es suficiente.

(Uivis se le acerca por detrás y le acaricia el cabello) No, mi manguito, soy muy feliz contigo y con Yuseini. ¿Y tú?

No nos falta nada. Estamos jóvenes pa'luchar. Así veo el futuro.

¿De verdad? Qué lindo, papi.

(Con cara de gozador) Vamos p'al cuarto, ¿quieres?

(Mientras caminan hacia la alcoba, él, con la mano derecha, le agarra una nalga).

UN RELATO KAFKIANO-CASTRISTA

Los invito a indagar la libertad ciudadana en la Cuba castrista desde la trama de un relato de Kafka titulado «Ante la ley». Un ciudadano de nombre J. en la Cuba socialista de los años 70, le pide a un agente de la seguridad del estado, que le permita entrar a través de una puerta que conduce a la ley (qué es la ley, no se sabe). Kafka no aclara si entrar radica en un derecho o un favor. Ya veremos por qué. El seguroso responde: *Es posible, pero ahora no.*

J. vislumbra más allá de la puerta y decide esperar. El oficial se acerca al ciudadano y le susurra: *Atrévete.*

Kafka indica que J. observa continuamente al guardia. Comienza a creer que este es el único obstáculo que lo separa de la ley.

Después de semanas de espera, J. decide sobornar al seguroso. Para lograrlo se integra al proceso político revolucionario. Hace guardias en la cuadra y acude regularmente a la Plaza de la Revolución a oír las monsergas de La Voz. Con el tiempo J. y el seguroso se hacen amigos. Este último se franquea con el primero: *Todo pinta bien, pero aún tu entrada no ha sido aprobada.*

Lo que sigue podría sorprender a cualquiera. Con los años de espera la vista de J. se debilita; ya no sabe si hay menos luz o si solo le engañan sus ojos. En medio de la oscuridad distingue un resplandor que brota de la puerta de la ley.

Siente que le queda poco tiempo de vida.

Antes de morir, todas las experiencias de esos largos años se confunden en su mente en una sola pregunta, que hasta ahora no ha formulado. Justo antes de su último aliento el ciudadano se entera, por boca del seguroso de lo siguiente:

«La puerta estaba reservada solamente para ti y ahora voy a cerrarla».

¿Cuál es el misterio?

Hay una versión fácil, en la que J. es víctima de un chantaje político. Odia el sistema, pero tiene miedo y acepta su larga espera. Y mientras, a resolver se ha dicho. Abriga la esperanza equivocada que «darle tiempo» es la mejor salida (o la mejor entrada) posible.

Pasan los meses y la espera hace estasis. De ahí surge la extrañeza de que el asunto pudo haber tenido solución: doce pasos al frente y cruzar decisivamente el umbral.

Proponemos otra versión alternativa: J. miente y se engaña. Siempre ha visto la puerta como un «es posible» pero «todavía no», fenómeno que refleja su realidad cotidiana. Desea entrar, sí, pero ese apetito no es tan fuerte como para sacarlo de su marasmo. Querer entrar en la ley es un epifenómeno político demasiado al norte de los hechos. Y el seguroso —entrenado en cuestiones ideológicas— lo sabe muy bien.

De ahí que terminen comulgando y metiéndose forro el uno al otro. Ese teatro de esperar de J. es un para-qué-perder-el-tiempo, pa-ra-qué-volvernos-locos político y existencial que solo se aprende en la escuelita totalitaria castrista.

¿Cómo pudo el ciudadano ignorar por tanto tiempo que nadie absolutamente entraba por la puerta? Y los demás, ¿acaso no les importaba entrar?

El asunto es que el ciudadano no se ve como unidad sino como «pueblo» (categoría machacada una y mil veces en las monsergas de La Voz), ¿y puede haber acaso una puerta tan grande por donde entre tanta gente?

La realidad kafkiana aplicada al castrismo no termina con una crisis existencial, sino más bien con la incertidumbre propia del pelágico letargo totalitario.

Hay otro asunto de índole privada. J. comenzó a disfrutar sus guardias en el CDR, el empuje unánime de las concentraciones, el calor compañeril de los círculos de estudio y la disciplina de los lineamientos.

Para el ciudadano, la puerta fue un quizá al norte del horizonte, inmanencia que alimenta a millones de almas que aún esperan entrar por la puerta de la ley.

LAS CITAS ANTI-CASTRISTAS DE CASTRO

El juego que proponemos aquí es el de las citas citables, que se vuelven contra sí mismas. Citas contradictorias, enemigas; citas panfleteras que no resisten el peso de la historia y se autodevoran.

El preso Fidel Castro, es capaz de defenderse y luego salir bajo amnistía, después de cumplir solo 21 meses de cárcel. ¡Qué suerte tuvo! Sépase que en *La historia me absolverá*, Castro reclama la valía del derecho penal, exige adherencia vertical a la justicia y la constitución de 1940, propone una soberanía despolitizada y una reforma urbana en «escala nunca vista».

Asimismo, condena el maltrato en las prisiones y defiende el justo reclamo de rebelión del ciudadano ante el despotismo. Estos y otros puntos conforman una plataforma política que Castro, una vez en el poder, sencillamente traicionó. En última instancia se trata del testimonio de la historia, que se desdice, se absuelve y se condena.

Castro dijo lo que nunca hizo.

Las citas que siguen son tomadas de *La historia me absolverá*. Las cursivas han sido añadidas en con el propósito de contrastar a los dos Castros: el joven idealista y rebelde de la prisión de Isla de Pinos con el viejo dictador comunista dueño de Cuba. Es así como estas citas citables se vuelven contra sí mismas.

Espero que me conceda mi derecho en compensación de tanto exceso y desafuero, que se respete mi derecho a expresarme con entera libertad.

Es un principio elemental de derecho penal que el hecho imputado tiene que ajustarse exactamente al tipo de delito prescrito por la ley.

En primer lugar, la dictadura que oprime a la nación no es un poder constitucional, sino inconstitucional.

Un gobierno revolucionario procedería (…) a industrializar el país. Un gobierno revolucionario resolvería el problema de la vivienda (…) levantando edificios modernos de muchas plantas y financiando la construcción de viviendas en toda la Isla en escala nunca vista. Los mercados debieran estar abarrotados de productos; las despensas de las casas debieran estar llenas.

¿Por qué no se me llevó al juicio? ¿Por qué se violaron todas las leyes del procedimiento y se descartaron escandalosamente todas las órdenes del tribunal?

Batista ha significado en todos los órdenes un retroceso (…) inventando fórmulas y más fórmulas de perpetuarse en el poder aunque tenga que ser sobre un montón de cadáveres y un mar de sangre.

Cuba está sufriendo un cruel e ignominioso despotismo, y vosotros no ignoráis que la resistencia frente al despotismo es legítima.

El derecho de rebelión contra el despotismo, señores magistrados, ha sido reconocido, desde la más lejana antigüedad hasta el presente, por hombres de todas las doctrinas, de todas las ideas y todas las creencias.

Cuando una persona se apodera de la soberanía de los demás debe ser condenada a muerte por los hombres libres.

Había una vez una república. Tenía su Constitución, sus leyes, sus libertades (…) todo el mundo podría reunirse, asociarse, hablar y escribir con entera libertad. Existía una opinión pública respetada y acatada y todos los problemas de interés colectivo eran discutidos libremente. Había partidos políticos, horas doctrinales de radio, programas polémicos de televisión, actos públicos, y en el pueblo palpitaba el entusiasmo.

¿Cuál de los dos Castros mentía, el joven rebelde o el viejo totalitario? ¿Por casualidad mentían los dos?

LA LARGA DURACIÓN DEL CASTRISMO: EN 7 HIPÓTESIS

1ra hipótesis: El castrismo se mantiene más de 60 años en el poder por la fuerza. El pueblo cubano es básicamente anticastrista, pero no puede expresarlo. El castrismo es una fuerza maléfica que ataca el comportamiento, no así la conciencia. Visto así, el castrismo es una maldición necesaria para la autonomía futura del pueblo cubano.

2da hipótesis: El castrismo se mantiene más de 60 años en el poder por un designio ignoto de la Caridad del Cobre. El augurio debe ser estudiado por una comisión de teólogos y babalaos organizada por la Santa Sede. El castrismo es por tanto un fenómeno infausto de alcance imprevisible.

3ra hipótesis: El castrismo se mantiene más de 60 años en el poder gracias al gobierno de los Estados Unidos. El castrismo lejos de ser un caso autóctono es un arma de penetración de la CIA, cabeza de playa que busca instaurar la burocracia globalista por venir en América.

4ta hipótesis: El castrismo se mantiene más de 60 años en el poder cumpliendo la profecía origenista contenida en una frase clave, perdida, atribuida a Lezama, que reza:

> *El neuma se manifiesta con barba, humo de tabaco, olor a pólvora. Tiene el neuma dos cabezas, una maldice a la otra. Su portento durará casi un siglo.*

5ta hipótesis: El castrismo se mantiene más de 60 años en el poder gracias a su supremacía racial. Conocida como

«Vaticinio Estenoz» en círculos herméticos negros, la tesis no ha recibido suficiente divulgación entre las masas negras cubanas. De acuerdo con la tesis, Martí era un racista convencido, pero supo ocultarlo por objetivos estratégicos. El castrismo es una forma de racismo de Estado. La revolución negra estenozista está por venir.

6ta hipótesis: El castrismo se mantiene más de 60 años en el poder gracias al bloqueo declarado del gobierno norteamericano. Inducir y declarar son dos caras de la misma moneda. El imperialismo busca la riqueza incautada; el castrismo busca la miseria permanente.

7ma hipótesis: El castrismo se ha mantenido 120 años en el poder. Desde 1902, cada gobierno republicano y el actual gobierno castrista no son más que derivaciones de un mismo fenómeno. El castrismo fue aceptado automáticamente en 1959, porque ya existía como ADN del pensamiento y la política nacional, mucho antes del individuo que lleva ese nombre. Tanto Martí, como Mella, Villena y Guiteras eran castristas.

7ma hipótesis ampliada: El castrismo se ha mantenido más de 60 años en el poder por una acomodación castrista del pueblo cubano. La mayoría del pueblo lo apoya. Visto de esa manera, el castrismo no es una maldición generacional ni profética, sino una elección popular que responde a nuestra idiosincrasia infantil.

EL FANTASMA DEL ~~SUSODICHO~~

¿Cuándo salen? Salen cuando empiezas a sentir
el hedor de los muertos. — *Kwaidan,* de Masaki Kobayashi

¿De quién se trata? Pues del ágata manifestado, la pura verdad, potencia creadora, cayo inmortal del silogismo, método estamental del grecismo, resolución de la apariencia, pareja sin plural, sesgo errante, doble espiral de las aguas, entelequia luminosa, mensajero de Indra, salamandra con alas, almendra sin semilla, espinilla de la yema postrema.

El fenómeno se presenta en estado latente. Efecto en causa y su viceversa. Subsistir reflejado, vaho huracanado desaparecido en la carne y reaparecido en la memoria.

¡Ojo, cuidado, la esencia a la inversa es también existencia!

Confluencia adversa de la presencia.

Nunca se anticipó tanto el estertor, ni se codició la agonía como en este caso. Sospechábamos que el tiempo prorrogaba el hálito póstumo. Muerte, colofón básico al fenómeno de la independencia, el tanteo de la apertura, el arbitrio del arreglo, la negociación y la transición.

Ciertamente, la muerte del ~~susodicho~~ fue anticipada desde la aparición misma del sujeto. Pero cuando se alberga tanta expectativa sobre la lumbar de la incertidumbre, cuando se apuesta tanto por un incidente insoslayable, pudiese ocurrir que la muerte física no propicie el anhelo.

No restamos importancia a la desaparición física del ~~susodicho~~. Solo apuntamos que con tal abundancia de anhelo catártico pasábamos por alto, tan dados a olvidar y reprimir, un hecho por venir, epílogo ineludible: Su fantasma inoportuno y sempiterno. Es inapelable que después de su muerte en la carne se abra un nuevo capítulo. ¿No es así? En este caso, la ausencia del Máximo Líder deviene reflexión plasmática de su figura en el espejismo del porvenir.

En efecto, la fluidez misma del tiempo es el medio idóneo para capturar la sustancia fílmica que proyecta su historia. De la yesca al fuego y del fuego al flogisto, luminosidad del cuerpo que habita cada ser viviente. El navío del alma arriba seguro a su puerto. Esos que jurarán verlo lo describirán como una silueta antropomórfica e inmaterial que persiste. El fantasma y su fantasmagoría. ¡Qué pesadilla! Fue Thomas Hobbes en *De corpore* quien advierte que la memoria y la imaginación no son más que fantasmas. Su cerebración es atrevida:

> *Si recordáramos un fantasma que estaba en el mundo antes de la supuesta aniquilación del mismo y consideramos que este existiera sin el poder de la mente, tendríamos una concepción de eso que llamamos espacio; un espacio imaginario, porque un mero fantasma no es más que eso: el espacio de una cosa que existe sin él.*

¿Cuál es el «espacio» del susodicho? Y si lo supiéramos ¿pudiéramos deshacernos para siempre de ese espacio?

¿QUÉ ES ČдSTRÏSШӨ?

Čдstrïsше, su substancia

Lo siempre expandido y presente de la materia que nos refiere a ese
núcleo poseedor que acelera, energiza y concreta. Del hálito vago
de su épica sustancia. Más allá de marchas, arengas y discursos,
más acá de accidentes y traspiés, se habla de la fuente ignota de
atracción a distancia de sus moléculas, la coagulación de su aparato
fonador, la exuberante profusión de secreciones andrógenas de su
piel de bégimo con vello acústico, la precisión de sus memorias
henchidas de hinchadas hazañas, su diamantina testa de inven-
ciones arcanas y arcaicas en semicírculos de idearios elípticos, la
penetrante visión de rayos xxx, sus 9 hálitos humefácticos, sus 7
gestos hiperbólicos con índice elíptico, su presencia n-sima de
masculina pirueta al abordaje internacionalista, su postura recia,
recta y erecta como el obelisco de la Plaza de la Concordia.

Su boca enuncia oraciones forjadas al pie de las montañas,
vocación infinita por el hombre. De la tesis, la antítesis. La lucha
de contrarios: todo čдstrïsше tiene su anticastrismo. Primero,
el motor que mueve el rotor: La Revolución. La novela que es y
no es, proceso que no termina.

Čдstrïsше, su leyenda de enero

Tiene su alma el líder. También tiene su barba. Tiene La Voz,
el aparato onto teológico fonador, soplo de timbre, glotis

vibrante, laringe bramante de frecuencia modulada para la imagen televisiva, revolución en señal amplificada, repetida e imitada.

La Voz, el altavoz, viva novela, escritura sonora, caja de resonancia, sumo de lengua estofada con dientes y barba, linimento para la masa doliente, nota que no colma el vaso, gota que no merma, hercúlea esperma.

El 1º de enero un pueblo entero se viene con La Voz. Habla el poeta:

> *Ahora marchamos hacia todo, enseñamos la fuerza como un símbolo.*

Habla el dramaturgo:

> *La gente estaba encantada.*
> *Era una especie de alegría generalizada.*

Habla el novelista:

> *Miró el parque, el cielo y las estrellas y se puso a dar gritos porque era lindo gritar: Fidel, Fidel, dale duro, a los yanquis dale duro.*

Habla el maricón novelista:

> *¡Qué acogida en La Habana! Lo esperaban. Su foto estaba, repetida hasta el hastío o la burla, pegada, ya despegada, desgarrada clavada en todas las puertas, doblada sobre todos los postes, con bigotes pintados, con pingas goteándole de la boca (...) Donde quiera que mires, Él te mira.*

La Voz y su epidexis. La Voz y su homilética. La Voz y su *ipse dixit*. La Voz y su falo crótalo, lúbrico en presente gnómico:

Tentacular, abarcador, castigador (…) con enorme glande verde olivo, que dejaba rozar con más o menos turgencia entre nuestros glúteos, en tanto disponía movilizaciones agrícolas.

El pueblo grita, aplaude, vitorea. La Voz exhorta en presente imperativo:

Contra la Revolución nada, porque la Revolución tiene también sus derechos y el primer derecho de Revolución es el derecho a existir y frente a ese derecho de la Revolución de ser y existir, nadie (…) nadie puede alegar con razón un derecho contra ella.

La Revolución es La Voz, es la Nación, es la Santísima Trinidad resumiendo la verdad. La era está pariendo los hechos. Si de derechos se trata, nadie puede alegar ninguno. Con razón corazón, nadie dice nada, ha dicho el derecho.

Čдstrïsшe, sus largos años

Transcurre el quinquenio y las promesas demoran (ello no levanta sospechas, no interrumpe las marchas, no disuade chivatazos). Cada año trae su consigna: La Planificación, la Organización, la Economía, la Agricultura. A veces es Vietnam Heroico, a veces Esfuerzo Decisivo, a veces Guerrillero Heroico. ¡Qué paranoico! La utopía se toma en futuro imperfecto del día a día.

Siguen los cuentos de Tía Tata, las arengas y las crisis. El imperialismo no ceja con su amenaza. Prevalece el pueblo disciplinado, enérgico y viril. ¡A la Plaza con Fidel! Qué dicha vivir de discurso en discurso.

La Voz pide sacrificio.

Transcurre la década y las promesas se esfuman (ello no impide las comparsas eufóricas, no retiene las balsas fugitivas, no aplaca a las masas fanáticas). Los Diez Millones, la Emulación Socialista. Acontecen aniversarios: El xv, el xx del Granma. Se presenta el xx de la Victoria y el Segundo Congreso. Se pelea una guerra en África. ¡Viva el internacionalismo proletario! Explota el Mariel, sale la escoria y queda la flor y nata.

Transcurre la época y la historia se repite. Los años desfilan conmemorados. Por ello se tornan en aniversarios de números romanos: El xx, el xv, el xxx. Hay amenaza externa, hay marchas, hay apagones, ¡ay! período especial, mesas redondas. El discurso se vuelve sombrío. Cunden pavorosas estadísticas. El mundo está en peligro.

¿La Voz? Sigue pidiendo sacrificio.

Los números maduran: 29, 30, 31, 32, 33, 34, 35… hasta el Centenario de la Caída. Es cuestión de supervivencia: La defensa, con los cohetes de mediano alcance. La guerra de todo el pueblo. Rancias canciones de La nueva trova. Martí, Antonio Maceo, el reiterado Guerrillero Heroico.

El mar azota el litoral habanero.

¿Y los sueños? Sueños son.

¶

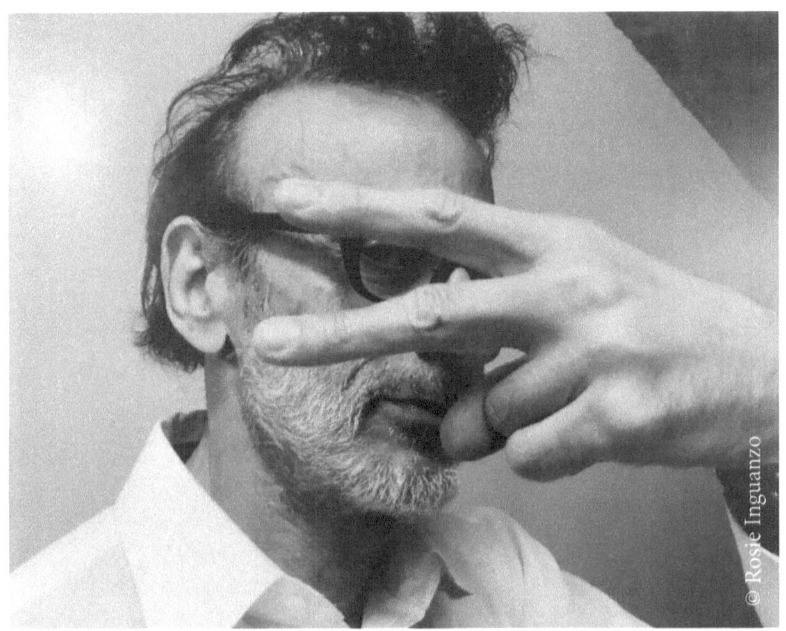

Alfredo Triff es profesor de Filosofía en Miami Dade College y conferencista de Historia del diseño en la Universidad de Miami. Ha sido crítico de arte y cultura para *The Miami New Times* (1998-2005), *The Miami Sun Post* (2006-2013) y *El Nuevo Herald* (2009-2015). Entre otros libros, ha publicado *Pulpa* (Imprimatur, 2001), *The Miami Arts Explosion* (Thomson, 2006), *Hígado al ensayo* (dadaMiami, 2009) y *Miami Picadillo* (Exodus, 2022). Triff es además melómano, escéptico, fumador de puros, matemático frustrado, y ailurófilo.

La presente edición de
¿Por qué el pueblo cubano (aún) apoya el castrismo? de Alfredo Triff
se realizó en la Ciutat de Terrassa, Barcelona
en junio de
2023